Weitere Bücher von Swami Kriyananda:

THE PATH: AUTOBIOGRAPHY OF A WESTERN YOGI — A classic of yogic philosophy, the deeply moving life-story of Swami Kriyananda

YOGA POSTURES FOR SELF AWARENESS — Clear instruction with photos, balancing physical, mental, and spiritual benefits

YOUR SUN AS A SPIRITUAL GUIDE — Use astrology to gain inner freedom

THE ROAD AHEAD: World Prophecies by the Great Master, Paramahansa Yogananda

CRISIS IN MODERN THOUGHT — A rebuttal to the theory that life is meaningless

THE PRACTICE OF JOY — Deep philosophy presented in an entertaining way

LETTERS TO TRUTH SEEKERS — Replies to spiritual questions

A VISIT TO SAINTS OF INDIA — A joyous trip with an experienced guide

TALES FOR THE JOURNEY — Fiction with a spiritual message

STORIES OF MUKUNDA — True Episodes from the Boyhood of Paramahansa Yogananda

14 STEPS TO SELF MASTERY — A Yoga home-study course, mailed bi-monthly

Informationen durch Yoga Fellowship — Ananda Publications, 900 Alleghany Star Route, Nevada City, California 95959

Swami Kriyananda

KOOPERATIVE KOMMUNEN

Wie man sie gründet und warum

Frank Schickler Verlag
Berlin

Originaltitel: Cooperative Communities —
How to start them, and why
© 1968, 1971 Swami Kriyananda
Übersetzung von Marianne Wischmeier
Deutsche Ausgabe
© 1978 Frank Schickler Verlag
Postfach 21 02 29, 1000 Berlin 21
Alle Rechte vorbehalten
Composer-Satz
Shri Hans Productions, Frankfurt
Druck
Oktoberdruck, Berlin
Printed in Germany
ISBN 3-921547-04-0

CIP-Kurztitelaufnahme der Deutschen Bibliothek

Kriyananda Swami :
Kooperative Kommunen: wie man sie gründet u. warum / Swami Kriyananda. — Berlin: Schickler, 1978.
   Einheitssacht.: Cooperative communities   dt.
   ISBN 3-921547-04-0

INHALT

Einleitung / 7

TEIL I

Die Zeit ist reif / 15
Selbstverwirklichung kontra Großstadt / 18
Kooperative Kommunen und die Suche nach einer Möglichkeit / 24
Kooperative Kommunen in Vergangenheit und Gegenwart / 29
Wie man anfängt / 36
Finanzen der Kommune / 43
Kommuneleben kontra Privatleben / 47
Erziehung / 52
Regierung / 56
Regeln / 59
Was ist Ananda? / 61

TEIL II

Die ersten Jahre / 67
Land in Sicht / 69
Mein erstes „Nicht-Haus" / 73
Ananda Meditation Retreat / 80
Der Kauf der Anandafarm / 86
Beginn der Kommune / 92
Finanzielle Probleme / 95
Was wir gelernt haben / 101
"Hier und Jetzt" / 108

Dieses Buch ist in Liebe gewidmet meinem geistigen Lehrer Paramahansa Yogananda, der kooperative Kommunen als eine der Lösungen heutiger Menschheitsprobleme betrachtete.

EINLEITUNG

Soweit ich mich erinnere, interessierte ich mich im Alter von 15 Jahren erstmals für kooperative Kommunen. Es war 1941. Der Zweite Weltkrieg tobte in Europa. Die Welt, die ich dort als Kind gekannt hatte, zerfiel in Trümmer und Kollektivhaß. Mir schien es, als könnten die entfesselten Leidenschaften niemals in einem einzigen Krieg aufgebraucht werden.

In dieser Zeit schrieb ich einen Einakter mit dem Titel *Der Friedensvertrag*. Er handelte von einem Treffen einer Gruppe von Höhlenmenschen, den Führern einiger verbündeter Stämme, die gerade einen Krieg gewonnen hatten. Sie wollten darüber sprechen, wie künftiger Friede gesichert werden könne. Das Treffen begann hoffnungsvoll mit idealistischen Reden von Bruderschaft und Vergebung. Das Verlangen nach dem eigenen Vorteil jedoch – selbstgerecht dargestellt als Wunsch, den Feind zu ‚disziplinieren' – zwang nach und nach zur Niederschrift eines gänzlich unterdrückenden Dokuments. Es war ganz und gar kein ‚Friedensvertrag', sondern geeignet, künftige Konflikte zu säen. Hinter der Bühne hörte man am Ende des Stücks Geschrei und das Aneinanderschlagen von Keulen, dann nacheinander das Schwirren von Bogensehnen, Schußwechsel von Musketen, Kanonendonner, Maschinengewehrknattern, das Platzen von Bomben, endlich eine gewaltige Explosion und dann – Stille.

In jener Weltuntergangsstimmung, als ich erst fünfzehn war, begann ich einen Zukunftsroman zu schreiben über eine Gruppe von Menschen, die an einen abgelegenen Ort in Südamerika zog, um der Katastrophe zu entgehen. Sie waren überzeugt, daß die Zivilisation sich schon bald durch Bomben in die Höhlenzeit zurückstoßen würde. Es waren Menschen mit Ausbildung in den verschiedensten Errungenschaften der Zivilisation: Naturwissenschaften, Technik und Künste. Ihr Ziel war es, die Leuchte der Zivilisation hell in Brand zu halten während des kommenden Zeitalters der Dunkelheit. Ich bin sicher, sie hätten auch die vollkommene Gesellschaft geschaffen — wenn ich nur das Buch vollendet hätte! Leider zeigte sich meine Vorstellungskraft dieser Aufgabe nicht gewachsen. Vielleicht begann ich schon zu fühlen, daß es absurd ist, etwas so von Grund auf Unbeständiges wie die menschliche Gesellschaft vollkommen machen zu wollen.

Trotzdem gab ich die ganze Gemeinschaftsidee gewiß nicht auf. Ich versuchte sogar, einige meiner Freunde zu überreden, mir bei der Durchführung zu helfen. (Stell es dir vor, falls du kannst — eine Gruppe von fünfzehnjährigen „Spezialisten" in verschiedenen Zweigen von Naturwissenschaft, Technik und Künsten!) Ihre Begeisterung war groß, bis sie merkten, daß es mir völlig ernst damit war. Ihre darauf folgende Trägheit zwang mich zu größerer Reife in meinem Denken.

Ich hielt es aber nie mit den Leuten, die Reife mit Zynismus gleichsetzen. Kurz nach Abschluß der High School nahm ich an einer zweiwöchigen Friedenstagung teil. An einem Tag berichtete eine Gastrednerin begeistert von kooperativen Gesellschaften. Das Thema schien mir zu faszinierend, um einfach so im Raum stehengelassen zu werden. Während der folgenden Fragestunde stand ich auf und bat ohne jeden Zynismus um Abrundung des Bildes. „Sie haben die Vorteile dieser Kooperativen erklärt", sagte ich, „vielleicht könnten Sie auch über einige ihrer Nachteile sprechen?"

Die Dame war verblüfft über meine Unverschämtheit. „Warum?" sprudelte sie hervor, „es gibt *keine* Nachteile!"

Daraufhin verlor sie ihren möglicherweise interessiertesten Zuhörer. Denn der Gedanke, *irgend etwas* im Durcheinander dieser Welt könnte ganz ohne Nachteile sein, erschien mir zu diesem Zeitpunkt lächerlich. Meine späteren Studien zu diesem Thema und schließlich die Niederschrift dieses Buches waren immer bestimmt von der Suche nach *besseren*, nicht nach vollkommenen Möglichkeiten.

Im College begann ich immer stärker an persönliche Wandlung als

Schlüssel zu wahrhafter sozialer Veränderung zu glauben. Soziale Verbesserung, das sah ich jetzt, muß vom inneren Bewußtsein des einzelnen Menschen ausgehen. Sie kann nicht durch äußere Gesetzgebung oder durch irgendein Massenrezept für menschliche Probleme in Gang gesetzt werden. Ich fühlte, daß eine umfassende Bewußtseinsänderung sich eher in kleinen Gemeinschaften idealistischer Männer und Frauen vollziehen kann als in großen, uneinheitlichen Städten.

So entwickelte sich meine frühe Vision von Kolonien Flüchtender weiter zu der Vorstellung, daß kleine Gemeinschaften eine lebendige und verantwortungsvolle Rolle in der gegenwärtigen Welt spielen sollten. Doch noch immer suchte ich ein äußeres System als wichtigstes Mittel zur Wandlung des inneren Menschen. Deshalb war meine Vorstellung noch naiv.

Während ich immer weiter nach Wegen der menschlichen Verbesserung suchte, dachten alle anderen meines Alters anscheinend zunehmend über solche praktischen Dinge wie Arbeitssuche und Familiengründung nach und darüber, wie man reich und angesehen wird. Erzählte ich einem von ihnen meine Ideen über Gemeinschaften, so sahen sie sich merkwürdig an und sagten: „Was ist mit *ihm* los?"

So wurde mein Suchen nach einem besseren sozialen System hingelenkt zu einer Suche nach persönlicher Höherentwicklung. Ich bemerkte jetzt, daß das Wichtigste meine eigene Wandlung war. Denn ich war das einzige Individuum, auf das ich einen merklichen Einfluß hatte. Bald bedeutete dies für mich nicht weniger als die Suche nach innerer Erleuchtung.

In dieser Zeit meines Lebens (September 1948) hatte ich das Glück, dem großen Yogameister Paramahansa Yogananda (dem Autor von *Autobiographie eines Yogi*) zu begegnen und von ihm als Schüler angenommen zu werden. Jahrelang widmete ich mich dann unter seiner Führung ganz den Yogaübungen der Meditation. Nach etwa einem Jahr gab er mir den Auftrag, diese Übungen auf der ganzen Welt zu lehren.

Die Suche nach innerer Erleuchtung muß dem Interesse am sozialen Fortschritt durchaus nicht widersprechen. Vielmehr ist sie der einzige taugliche Schlüssel zu jeder Art von Fortschritt. Ich erbebte, als ich entdeckte, daß mein Guru sich ebenfalls die Gründung von Kommunen wünschte. Diese Kommunen ähnelten denen, die ich vor mir gesehen hatte auf der Grundlage von gegenseitiger Hilfe und einem harmonischen spirituellen Leben. Er bezeichnete dies als einen von vierzehn Hauptpunkten seines Lebenswerks.

Aber in der kurzen Spanne eines unglaublich produktiven Lebens konnte er seinen Gemeinschaftsplan nicht verwirklichen. Es war ja nicht der Kernpunkt seiner Mission, und seine anderen Schüler zeigten meines Wissens nicht sehr viel Interesse daran. Ich hatte jedoch ein starkes Interesse an Gemeinschaften gehabt schon lange vor unserer Begegnung. Seine Worte fachten nur ein bereits brennendes Feuer an.

So begann ich mich persönlich verantwortlich zu fühlen für die Ausführung dieses Aspekts seines Werkes. Vielleicht war das vermessen von mir. Ich studierte alle erreichbare Literatur zum Thema. Jahrelang grübelte ich über das Für und Wider des Kommunelebens. Ich befragte Wirtschaftswissenschaftler, Geschäftsleute, Lehrer und politische Denker. Ich besuchte ein Kibbuz in Israel und zwei bekannte Kommunen in Indien: Dayalbagh bei Agra und den Sri Aurobindo Ashram in Pondicherry. Am lehrreichsten waren die vierzehn Jahre, die ich in Klöstern meines Gurus in Amerika und Indien verbrachte. Das Mönchsleben bringt wertvolle Erfahrungen über die Probleme und Vorteile jeder Form des Lebens in Gemeinschaft mit sich. Schon früh in meinem Leben wurde mir die Führung anderer Mönche anvertraut, und so lernte ich aus erster Hand viele Probleme kennen, die man bei der Koordination solch einer Gemeinschaft hat.

Trotz all meiner Gedanken, Studien und Erfahrungen, und obwohl ich sogar selbst eine Kommune gründete, wage ich dem Leser nicht mehr zu versprechen als eine interessante Einführung in eine vielversprechende Idee. Kooperative Kommunen kann man weder auf dem Papier noch in irgendeiner Kommune selbst fehlerfrei aufbauen. Sie werden von Menschen gemacht, und erwartungsgemäß sind sie untereinander so verschieden wie Menschen. Mit diesem Buch verbinde ich daher die Hoffnung, die Räder des persönlichen Interesses in Gang zu bringen, und dies mag der erste Schritt sein zu künftigem persönlichem Engagement.

TEIL I

DIE ZEIT IST REIF

In seinen letzten Erdenjahren sprach der große Lehrer Paramahansa Yogananda wiederholt und mit Nachdruck von einem Plan, der nach seiner Aussage dazu bestimmt ist, ein grundlegendes soziales Modell für das neue Zeitalter zu werden: die Bildung von kooperativen Kommunen der Selbstverwirklichung oder „Weltbruderschaftskolonien". In fast allen öffentlichen Vorträgen schweifte er von seinem angekündigten Thema ab mit der dringenden Bitte an die Menschen, seinen Vorschlag in die Tat umzusetzen.

„Der Tag wird kommen", sagte er voraus, „wo diese Idee sich wie ein Lauffeuer über die Welt verbreitet. Kommt zusammen, alle Menschen mit gemeinsamen hohen Idealen. Legt eure Geldmittel zusammen. Kauft Ackerland. Ein einfaches Leben wird euch inneren Frieden bringen. Harmonie mit der Natur wird euch ein Glück schenken, das wenige Stadtmenschen kennen. In Gesellschaft anderer Wahrheitssucher wird es für euch einfacher sein, zu meditieren und an Gott zu denken."

„Wozu braucht man all den Luxus, mit dem die Menschen sich umgeben? Das meiste, was sie haben, bezahlen sie in Raten. Ihre Schulden sind eine Quelle endloser Sorgen für sie. Auch Menschen, deren Luxusgüter schon bezahlt sind, haben keine Freiheit. Verhaftung macht sie zu Sklaven. Sie glauben sich freier durch ihre Güter und sehen nicht, daß sie im Gegenteil von ihren Besitztümern besessen werden!"

Yogananda betonte die Freuden eines einfachen, natürlichen Lebens in Gedanken an Gott — eine Lebensweise, die nach seiner Aussage den Menschen „Glück und Freiheit" bringen würde. Doch seine Botschaft stellte den Menschen nicht nur eine attraktive Idee vor. Es war ein Drängen in seiner Bitte enthalten.

„Die Zeit ist knapp", sagte er wiederholt zu seinen Zuhörern. „Ihr habt keine Ahnung von dem Leid, das der Menschheit bevorsteht. Neben Kriegen wird es eine wirtschaftliche Not geben wie lange nicht mehr. Das Geld wird nicht einmal das Papier wert sein, auf dem es gedruckt ist. Millionen werden sterben."

Wieder sagte er: „Ihr wißt nicht, was für ein furchtbarer Zusammenbruch kommen wird!"

Einigen Menschen wird es abergläubisch erscheinen, wenn man sich auf prophetische Äußerungen verläßt. Doch selbst diese Menschen stellen vielleicht mit Interesse fest, daß von den Personen mit dem Ruf prophetischer Gaben jeder einzelne der Menschheit furchtbares Leid für die kommenden Jahre angekündigt hat.* Doch es ist nicht notwendig, blind an ihre Prophezeiungen zu glauben. Die vorhergesagten Ereignisse sind schon sichtbar geworden.

Zahllose Biologen haben mit endgültiger Sicherheit festgestellt, daß die gegenwärtige Bevölkerungsexplosion nur ein Resultat haben kann: In einigen Jahren müssen „einige hundert Millionen" Menschen in der Welt entweder an Hunger sterben wegen Nahrungsmangel auf unserem Planeten, oder sie fallen einem Atomkrieg zum Opfer, weil sie blindlings um jede erreichbare Nahrung kämpfen. Wirtschaftskrisen von enormen Ausmaßen wurden von anerkannten Wirtschaftswissenschaftlern angekündigt. Bezüglich des Krieges muß man natürlich immer das Beste hoffen — doch welche Chancen haben wir wirklich, den Konflikt zu beenden? Die Spannungen nehmen zu. Sie haben nicht nachgelassen, nicht einmal durch die Drohung einer weltweiten Vernichtung.

Wir wollen die Lösung betrachten, die Yogananda vorschlug — Kooperativen oder „Weltbruderschaftssiedlungen". Es war sicherlich eine persönliche, nicht eine allgemeingültige Lösung, die er betonte. Doch viele weltweite Veränderungen sind von persönlichen Wandlungen ausgegangen. (Man beachte die weit verbreiteten Fortschritte, die aus den

---

* Bhrigu, ein indischer Weiser, schrieb: „Es wird ein Weinen sein in jedem Haus."

Lehren von Buddha und Jesus Christus hervorgingen. Die daraus folgenden sozialen Revolutionen standen in keinem Verhältnis zu der kleinen Zahl der Jünger, die jene großen Meister gewannen.)

Mehr noch: Die Idee der kooperativen Gemeinschaft bietet in unserer Zeit etwas, das sie heraushebt aus dem persönlichen Bereich und ihr soziologische und universelle Bedeutung verleiht.

SELBSTVERWIRKLICHUNG
CONTRA GROSSTADT

Man braucht keinen Soziologen, um zu wissen, daß der Trend dieses Zwanzigsten Jahrhunderts in Richtung Zusammenschluß führt. Kleine Unternehmen werden von großen Körperschaften geschluckt, mit denen sie nicht konkurrieren können. Große Körperschaften fusionieren mit anderen, um mit der Zeit riesige Wirtschaftsimperien zu werden.

Menschliche Gesellschaften bewegen sich unaufhaltsam zur Zentralisierung der Macht hin. Die wachsende Weltbevölkerung macht zunehmende Kontrolle durch Regierungen notwendig. Der alte Streit zwischen Länderrecht und Bundesrecht ist ein Anachronismus. Es ist heutzutage gesetzlich und wirtschaftlich unmöglich, den lokalen Regierungen die Herrschaft zurückzugeben. Der Trend führt im Gegenteil zu Zusammenschlüssen von Staaten, nicht nur von Städten und Ländern.

Was werden all diese Zusammenschlüsse dem einzelnen Menschen einbringen?

Es ist im Interesse der Wirtschaftlichkeit und Leistungsfähigkeit, daß einzelne Gruppen von Menschen sich zu größeren Gruppen vereinen. Die Gefahr besteht, daß eben jene Prinzipien der Wirtschaftlichkeit und Leistungsfähigkeit den Menschen eine Uniformität abverlangen, die ihr persönliches Leben erfaßt. Zahlreiche soziale Denker haben festgestellt, daß persönliche Vorlieben und Werte auch sein müssen und wirklich existieren. Sie werden zunehmend der institutionellen Ordnung, dem „Establishment", untergeordnet.

Dem institutionellen Verstand mag solche Uniformität als Endziel und Segen an sich erscheinen. Selbstsüchtiger Individualismus wird von jenen Menschen getadelt, und das natürlich mit Recht. Aber sie stellen den Zusammenschluß als einzige Alternative hin, und jeder, der einen solchen Trend unterstützt, wird als „freiheitlich" gepriesen.

Ist es wirklich freiheitlich, menschliche Freiheit zu zerstören? Freiwillige Zusammenarbeit und erzwungene Uniformität sind zwei völlig verschiedene Dinge.

Es gibt eine dritte Alternative für den Menschen. Sie liegt in der Anerkennung der Tatsache, daß *der innere Mensch, nicht eine äußere Ordnung, die Triebfeder reifen Handelns ist.*

Des Menschen Fehler war die Vorstellung, Systeme könnten mehr sein als eine Erleichterung. Systeme sind kein Selbstzweck. Sie können die Menschen nicht zur Vollkommenheit führen. Sie können bestenfalls einige Leute von allzu zügellosem Betragen abhalten.

Je mehr die Gesellschaft in ihrer Macht zentralisiert ist, desto größer wird die Notwendigkeit für das Individuum, seine Werte (die dem äußeren Vorteil entgegenstehen) *in sich selbst* zu suchen. Denn der Mensch ist mehr als ein Rädchen im sozialen Getriebe. Die Systeme, die er annimmt, sollen in irgendeiner Weise ihm persönlich dienen, und nicht einer von ihren Mitgliedern losgelösten Gesamtheit namens „Gesellschaft". Einige Autoren haben von der Gesellschaft als Organismus gesprochen. Das ist irreführend. Aus unserem *Inneren* kommen unsere Inspiration, unser Verstehen, Liebe und Glück. Was wir außen erfahren, hängt von unserem inneren *Aufnahmevermögen* für Erfahrungen ab. Der Mensch ist eine *Quelle* des Lichts, kein Spiegel.

Darum wird in der modernen sozialen Evolution der Zeitpunkt kommen, wo die Menschen einzeln aufstehen, um ihre menschliche Würde zu behaupten, statt sich bereitwillig äußeren Forderungen nach Uniformität zu unterwerfen.

Der erwähnte Trend ist nicht aufzuhalten. Es hat tatsächlich schon begonnen. Wir sehen es am Aufstand der Jugend, an Beatniks, Hippies, „Waldleuten", aber auch am weit verbreiteten und wachsenden Interesse an Meditation, Zen-Buddhismus und Yoga. In kommunistischen Ländern versuchten die Regierungen, diese Tendenz zu unterdrücken, doch selbst dort ist sie deutlich erkennbar.

Sie war sogar in der völlig entmenschlichten Atmosphäre der Konzentrationslager des Zweiten Weltkrieges sichtbar. Selbst dort fanden sich einzelne, die den Gemeinheiten ihrer Umgebung persönlichen Widerstand boten und wie Lotosblüten aus dem Sumpf zur Größe erblühten.

Es ist an der Zeit, von der einseitigen Beschäftigung mit äußeren Systemen weiterzuschreiten zur Erkenntnis des wahren Schlüssels der Wirksamkeit jedes Systems. Der Schlüssel ist das Individuum. Selbstentfaltung ist das Gebot der Stunde — nicht als selbstsüchtiger Anspruch an das Universum, sondern einfach als eine individuelle und zutiefst persönliche Suche nach Selbst-Verwirklichung.

Das Ergebnis wird den Menschen in ihren politischen, wirtschaftlichen und sozialen Einrichtungen nützen. Denn alles dient der Harmonie der Menschen, die innere Harmonie gefunden haben. Und nichts kann dem innerlich Disharmonischen Harmonie bringen.

Da taucht die Frage auf: Wie kann man mitten im Durcheinander der Gesellschaft ein inneres Leben entwickeln, ohne Forderungen an andere zu stellen? Es ist schwer, inneren Frieden zu entwickeln, wenn man vom Chaos umgeben ist. Es ist schwer, stets in einer Richtung fortzuschreiten, während wirbelnde Ströme in Millionen andere Richtungen ablenken.

Man bedenke: Warum sollte man am Stadtleben festhalten? Wenn es für einen Menschen nicht geeignet ist, welchem moralischen Ziel dient er dann durch hartnäckiges Verharren? Der Möglichkeit, daß es irgendwie mit der Zeit in einen umfassenden Segen verwandelt werde? Nicht die Systeme bringen dem Menschen Segen, sondern der Mensch selbst segnet seine Systeme durch den guten Willen, sie in Gang zu bringen.

Nein, weder der soziale noch der philosophische oder persönliche Standpunkt machen es notwendig, in einer Umgebung zu bleiben, die unserem Wohl abträglich ist. Die moderne Großstadt ist für so viele Menschen eine Annehmlichkeit; für den schöpferisch denkenden Menschen hört sie auf, dies zu sein. Statt dessen wird sie ihm zum Hindernis. Er muß seinen Weg finden zur Gesundheit und zum Frieden eines einfachen Lebens, sobald die Umstände es erlauben.

Wer sich der Entwicklung seines Bewußtseins widmet, hat es viel besser als jemand, der mit all seinen Kräften sein bißchen Selbstgefühl aufrechterhalten muß, während Horden von Konkurrenzkämpfern seine Selbstachtung verletzen.

Mit Schrecken liest man viele Zeitungsmeldungen über Menschen ohne Anteilnahme. Sie sahen ruhig einem Verbrechen zu oder einem Menschen, der auf der Straße umfiel und starb. Anscheinend wahrt der durchschnittliche Stadtmensch seine Unversehrtheit, indem er sich von der weiten Welt um ihn und von seinen Mitmenschen isoliert. Allein auf der winzigen Insel seines Ich ist er gestrandet – kein Wunder, daß die Klage über Entfremdung so verbreitet ist.

„Vor allen Dingen", schrieb Shakespeare, „sei wahrhaftig zu deinem eigenen Selbst. Dann folgt darauf wie die Nacht auf den Tag, daß du zu keinem Menschen falsch sein kannst." Wie kann es ohne Selbstachtung wahre Achtung vor anderen Menschen geben? Wie kann es ohne Selbsterkenntnis ein Empfinden für die Bedürfnisse anderer geben? Die Quellen der Nächstenliebe müssen aus dem inneren Menschen entspringen. Sie können ihn nicht durch Eindringen von außen erreichen.

Hinaus aufs Land zu eilen muß also keineswegs eine Ablehnung von sozialer Verantwortung bedeuten. Es kann vielmehr der Beginn einer ernsthaften Übernahme solcher Verantwortungen sein.

Zu den folgenden Abbildungen: „Eine wachsende Liebe zur Kommune und zu unserer Umgebung bewog die Mitglieder, ernsthaft mit der Arbeit in verschiedenen Selbstversorgungsindustrien zu beginnen." Die Druckerei von Ananda Publications war eines unserer ersten geschäftlichen Unternehmen, und sie ist immer noch eine wesentliche Einnahmequelle für die Kommune.

Eine wertvolle Einnahmequelle für Familienmitglieder und für den Aufbau unseres neuen Weltbruderschaftsretreats ist die Ananda Construction Company. Sie baut Häuser im nahen Grass Valley.

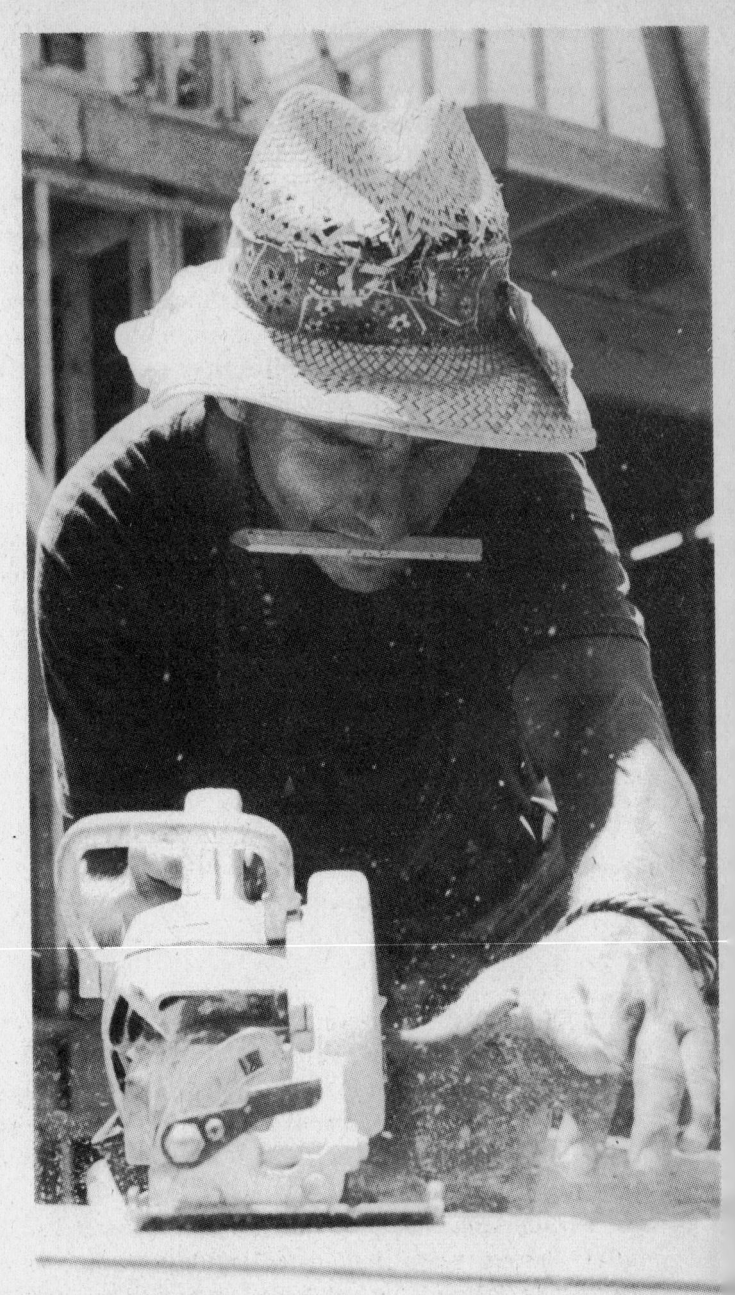

KOOPERATIVE KOMMUNEN UND DIE SUCHE NACH EINER MÖGLICHKEIT

Warum ziehen Menschen in die Stadt? Die Hauptgründe sind nicht schwer zu finden. Die Jobs sind dort zahlreicher, das gesellige Leben ist vielfältiger, die kulturelle Anregung ist unvergleichlich größer als in ländlichen Gebieten.

Das Landleben hingegen enthält trotz aller natürlichen Reize viele Hindernisse für den Durchschnittsmenschen. Für ihn sind die wirtschaftlichen Möglichkeiten gering. Er ist kein Bauer, selbst wenn er es sein möchte. Seine erlernten Fähigkeiten sind städtisch. Der Kaufmann braucht Kunden für seine Waren, die Sekretärin braucht Briefe zum Tippen, der Lehrer braucht Schüler zum Unterrichten. Ein Umzug aufs Land würde eine völlige Umschulung nötig machen und doch ein ziemlich nutzloses Leben zur Folge haben.

Und wie steht es um Kontaktmöglichkeiten? Wer keinen Sinn für Landwirtschaft hat, wird nicht seine Freizeit mit Leuten verplaudern wollen, deren häufigstes Gesprächsthema der Zustand des diesjährigen Getreides ist.

Was für einen einzelnen schwer scheint, ist jedoch in einer Gruppe leicht zu bewältigen. Menschen mit gleichem Ziel, in Gemeinschaften vereint, halten ihre gewohnten Beziehungen aufrecht, und jeder trägt zum Ganzen, vielleicht mit Abwandlungen, seine gewohnten Fähigkeiten bei. Unter solchen Umständen hat der Stadtmensch keinen Grund, sich fehl am Platz zu fühlen.

Betrachten wir in diesem Zusammenhang die einfache Frage nach künstlerischen und intellektuellen Möglichkeiten.

An Vielfalt kann keine kleine Gemeinschaft mit der Großstadt konkurrieren. Doch die größte Befriedigung in der Kunst ist das Schaffen, nicht das bloße Unterhaltenwerden. In dieser Hinsicht könnte die Gemeinschaft von Gleichgesinnten unvergleichlich viel mehr bieten: Zeit für das Schöpferische, wohlgesonnene Zuhörer, inspirierende natürliche Umgebung, eine Möglichkeit zur Erforschung und Entfaltung des inneren Lebens.

Dennoch braucht die Vielfalt der Anregungen nicht zu fehlen. Eine Kommune, die an gute Büchereien gewöhnt ist, wird den Antrieb spüren, selbst eine solche zu gründen. Referenten von auswärts könnten zu einem Vortrag eingeladen werden. Ein gelegentlicher Ausflug in die Großstadt anläßlich eines Symphoniekonzerts oder einer Kunstausstellung würde ebensoviel kulturelle Anregung geben, wie die meisten Großstadtbewohner erhalten.

Es besteht kein Anlaß dazu, daß eine Kommune auf der Suche nach einem natürlichen Leben jede moderne Zivilisation ablehnen sollte. Völlige Isolation wäre wirtschaftlich ungesund, selbst wenn sie in mancher Hinsicht wünschenswert wäre. Falls man nicht in eine eintönig-primitive Lebensweise zurückkehren will, bedeutet völlige Selbstversorgung einer Kommune die Herstellung von eigenen Geräten, Installationen, Koch- und Eßgeschirr, Kleiderstoffen und sogar eigener Zahnpasta unter großem Kostenaufwand. Wenn man bedenkt, wie billig solche Artikel durch Massenproduktion werden, erscheint es für eine Kommune praktischer, Produkte nach draußen zu verkaufen und von dem Erlös zu erwerben, was gebraucht wird.

Kurz, die Kommune wird in vieler Hinsicht einem normalen Dorf ähneln mit dem wesentlichen Unterschied, daß es sich um eine Gemeinschaft von Menschen gleichen Ziels handelt, gegründet auf Zusammenarbeit statt Konkurrenz, Selbstentfaltung statt Bereicherung auf Kosten anderer.

Wesentlich für den Erfolg jeder Kommune ist die Frage des Einkommens. Menschen, die kooperativ miteinander auf dem Land leben, können ihre Nahrung selbst anbauen, ihre Gebäude selbst errichten, vielleicht selbst ihre Kleider herstellen, aber viele Materialien sogar für diese Grundbedürfnisse müssen von außen beschafft werden. Welche Einkommensquellen gibt es für eine Kommune, die außerhalb der geschäftigen Industriezentren lebt? Das Problem ist nicht so schwierig, wie es aussieht.

Vermutlich bringen die Menschen, die in die Kommune eintreten, bestimmte Fertigkeiten mit, von denen manche — Holzschnitzerei, Malerei, Weberei, Töpferei — eine gute Nachfrage in den nahegelegenen Großstädten finden können.

Spezialisierung ist das Kennzeichen unseres Zeitalters. Für einfallsreiche Köpfe dürfte es nicht schwer sein, irgendeinen Industriezweig zu finden, auf den die Kommune sich spezialisieren kann. Sie könnte das Produkt zu einem konkurrenzfähigen Preis der Industrie, dem Bauwesen oder Handel anbieten — z.B. die Herstellung von elektronischem Zubehör.

Man kann Bücher herausgeben, Kleidung herstellen, Schallplatten produzieren, ein Versandgeschäft aufbauen. All das könnte der Kommune Geld einbringen.

Wochenendseminare und -programme für Leute von außerhalb können eine wesentliche Einnahmequelle sein.

Eine andere mögliche Einnahmequelle wäre eine Schule für Kinder. Diese Einrichtung würde in jedem Fall notwendig werden. Eine nach schöpferischen und idealistischen Gesichtspunkten geführte Schule wird Schüler von auswärts anziehen.

Die Kommune könnte auch eigene Theateraufführungen, Festspiele und andere künstlerische oder spirituelle Veranstaltungen schaffen, die sie Vereinen, Schulen und Hochschulen im Umland anbieten kann.

Und warum sollte die Kommune nicht auch eigene Läden in umliegenden Städten eröffnen? Die Ehrlichkeit der Mitarbeiter und die geringeren Preise durch Ausschaltung des Zwischenhandels werden den Produkten einen guten Ruf verschaffen und somit wirtschaftlichen Erfolg garantieren.

Grundlage des wirtschaftlichen Erfolgs einer kooperativen Kommune ist das schlichte Prinzip der Zusammenarbeit. In den Großstädten muß jeder um seinen Platz an der Sonne kämpfen. Unter tausend Menschen hat jeder 999 Rivalen. Besorgnis, Anspannung, Enttäuschung — das sind nur einige der bekannten Nebenwirkungen. Man bedenke auch, wieviel Zeit und Energie im üblichen Geschäftsleben für das Übertrumpfen und Ausschalten des anderen verwendet wird, und wieviel Geld man ausgibt für den unedlen Zweck, Einkäufer von der Ladentür des anderen fort zur eigenen zu locken.

Viel ist geschrieben worden über die Vorzüge eines freien Wettbewerbs. Das riesige sozialistische Monopol, das man normalerweise als Alternative hinstellt, verhindert zwar Materialverschwendung, macht aber sicher weniger Eigeninitiative möglich. Doch wie wäre es mit einer kleinen Gemeinschaft von Menschen gleichen Ziels, wo *freiwillige Kooperation* als Alternative sowohl zum Wettbewerb als auch zum Monopol gelehrt wird?

Nehmen wir an, jeder einzelne von tausend Menschen hätte statt 999 Rivalen ebensoviele Freunde und Mitarbeiter. Warum sollte das nicht möglich sein in einer Kommune, die Kooperation als Lebensstil hervorhebt? Ich selbst lebte zehn Jahre in einer solchen Gemeinschaft. Es war der Hauptsitz der Self-Realisation Fellowship in Los Angeles. Diese Organisation war von meinem geistigen Lehrer Paramahansa Yogananda gegründet worden. Achtzig oder mehr Menschen lebten und arbeiteten dicht beieinander, es gab fast nie Streit, und eine ungeheure Menge Arbeit wurde geleistet. Kooperation ist bestimmt mehr als ein Traum!

Tatsache ist, daß kooperative Kommunen der Vergangenheit schon beträchtliche finanzielle Stabilität bewiesen haben. Wenn sie scheiterten, lag es meist am unvernünftigen Bemühen, sich zu isolieren, oder an zu idealistischen Vorstellungen von der menschlichen Natur.

Aber Kooperation im idealen Sinne sollte keineswegs auf die Kommune beschränkt sein. Sie sollte sich ausweiten auf die größere „Kommune" der Menschheit. Daher der Ausdruck „Weltbruderschaftskolonie".

In Indien lernt der fromme Hindu, vor dem Essen ein Trankopfer der Dankbarkeit auf die Erde zu gießen, die ihm Nahrung gab, die Tiere zu füttern, die ihm beim Nahrungserwerb halfen, und den hungrigen Fremden zu sättigen, dessen Lage er selbst teilen könnte, hätte er nicht Glück gehabt. Gleichzeitig mit dem Streben nach Wohlstand für die eigene Person und die Gemeinschaft sollte sich das Verantwortungsgefühl entwickeln für die Welt als Ganzes, denn ohne diese wäre die Kommune wenig mehr als ein Stamm von Wilden.

Anstelle des Konkurrenzkampfes mit der Außenwelt sollte sich ein

Gefühl des Teilens mit ihr entwickeln. Ein wesentlicher Beitrag hierzu kann das Beispiel sein.

Zwei Esel wurden von einem Bauern angeschirrt, damit sie einen Felsbrocken fortbrachten. Doch die Tiere zogen in entgegengesetzte Richtungen. Obwohl sie bis zur Erschöpfung arbeiteten, rückte der Felsbrocken keinen Zoll. Wie ist es dagegen in einer Kommune, wo Menschen gelernt haben, im Sinne der Zusammenarbeit statt des endlosen Wettbewerbs zu handeln — wo ein wenig Arbeit genügt, um viele Mäuler satt zu machen? Wäre ein solches Beispiel denn völlig vergebens vor der Gesellschaft als Ganzheit?

Rom und Karthago bekämpften sich bis zur gegenseitigen Zerstörung und gaben damit allen Zeitaltern ein Beispiel für die Nutzlosigkeit selbstsüchtiger Gier. Doch besser als zehn negative Beispiele ist eine positive Lösung. Wie wäre es mit einer Kommune, die andere nicht als Konkurrenten oder Fremde ansieht, sondern als Freunde? Solch eine Kommune könnte, obwohl abseits vom Lärm der zivilisierten Welt, mehr guten Einfluß haben als ein Dutzend Institutionen, die sich stärker „engagieren", aber auch stärker von den Mißständen der Stadt überflutet werden.

KOOPERATIVE KOMMUNEN IN VERGANGENHEIT UND GEGENWART

Oft hört man über kooperative Kommunen die Bemerkung: „So viele wurden gegründet, aber sie sind alle gescheitert." Diese Feststellung ist unzutreffend. In Wirklichkeit gab es eine Anzahl beachtlicher Erfolge.

Die Inspirationisten von Amana, die Wirtschaftsharmonisten, die Menoniten, die Shaker, die Hutterschen Brüder — diese Namen sind geschichtlich bekannt. Diese Gruppen waren wohlhabend. Einige von ihnen gedeihen noch. Daß andere schließlich ausstarben — oft nach Jahrzehnten oder gar erst nach ein oder zwei Jahrhunderten — verdient die Bezeichnung „Scheitern" nicht mehr als das Ende zahlloser Wirtschaftsunternehmen. Wachstum und Sterben gehören zum Weg jedes Lebens. Ohne einen Tod am Ende gäbe es niemals Platz für neue Lebensformen. Wenn eine Einrichtung tatsächlich die Zeitalter überdauert, dann vielleicht deshalb, weil sie zu irgendeinem Zeitpunkt ihrer Geschichte statt des Todes die Erstarrung wählte.

In unserer Zeit brauchen wir nur die Kibbuzim des modernen Israel anzusehen. Dort finden wir eine lebendige, wachsende Bewegung, die bei allem Auf und Ab doch keineswegs ein Mißerfolg genannt werden kann.

Und es gibt die Klöster, die in vielem, wenn nicht in allem, den kooperativen Kommunen ähneln.

Es wäre klug, verschiedene Kommuneexperimente kurz zu betrachten und zu erfahren, warum einige scheiterten und andere erfolgreich waren.

Wie schon gesagt, wurden die erfolglosen Versuche oft mit zu idealistischer Sicht der menschlichen Natur begonnen. Beim Lesen des Buches *Kibbuz* von Melford E. Spiro gewinnt man den Eindruck, daß selbst die modernen Kibbuzim trotz ihres offensichtlichen Erfolgs eine Enttäuschung waren für einige ihrer Mitglieder, die glaubten, durch ihre Lebensweise werde der „vollkommene" Mensch entstehen. Rousseaus Idee vom „edlen Wilden" liest sich gut, aber man findet dieses wunderbare Geschöpf gar zu selten auf der unedlen Erde. Der Urwaldwilde ist oft noch weniger edel als sein städtisches Gegenstück. Es ist naiv zu glauben, die Rückkehr zur Natur werde automatisch Heilige schaffen. Die darauf folgende Enttäuschung kann erschütternd sein.

Verwandt mit einem zu idealistischen Bild der Menschennatur war die Unfähigkeit mancher Kommunen zur Auswahl ihrer Mitglieder. Dies zerstört jede Gemeinschaft außer den bestorganisierten. Als Robert Owen in New Harmony in Pennsylvania eine utopische Gemeinschaft gründete, achtete er nicht auf die Gefahr, Menschen mit verschiedenen Überzeugungen zusammenzubringen. Seine Gemeinschaft hielt nur drei Jahre.

Einer der größten Fehler von Gemeinschaftsplanern war vielleicht, daß sie sich zuviel von ihren Konzepten erhofften. Kein System kann Tugend schaffen. Es kann höchstens die Entwicklung von Tugenden erleichtern, denn eine gute Eigenschaft muß vom guten Willen der einzelnen Menschen ausgehen. Die Gemeinschaft „Freiland", gegründet in den neunziger Jahren des vorigen Jahrhunderts auf der Grundlage eines Buches des österreichischen Ökonomen Theodor Hertzka, scheiterte hauptsächlich hieran. Die Gemeinschaft endete mit Enttäuschungen, weil sie versucht hatte, sich zu eng an Hertzkas vollkommenen Entwurf zu halten.

Ein üblicher Fehler neuer Gemeinschaften war die Neigung, zu radikale Veränderungen von ihren Mitgliedern zu verlangen. In der Biologie gilt der Grundsatz, daß die Natur sich nicht in plötzlichen Sprüngen entwickelt. Dies trifft mit sehr seltenen Ausnahmen auch auf die menschliche Natur zu. Man muß milde sein, soweit es angebracht ist, und die Menschen ihrem eigenen Tempo gemäß wachsen lassen.

Ein anderer Fehler bestimmter Kommuneexperimente war die

Neigung zur Isolierung. Eine Menschengruppe, die danach strebt, alle Verbindungen zur Außenwelt abzubrechen, wird gezwungen sein, ununterbrochen für die Herstellung der lebensnotwendigsten Dinge zu arbeiten. Eine Generation mag davon erfüllt sein, aus Abscheu vor dem modernen Leben solche Extreme auf sich zu nehmen. Doch wenn die Kinder nicht völlig ohne Informationen aufgezogen werden, ist es gut möglich, daß sie nach dem Heranwachsen zurück in die Städte wollen. Denn dort muß man wenigstens nicht wie ein Ochse schuften für das Existenzminimum.

Diejenigen, die das Kommuneleben untersucht haben, sind sich einig darüber, daß eine feste Gemeinschaftsstruktur nötig ist. In Verbindung hiermit findet man immer den Hinweis auf die Notwendigkeit einer starken Führung. Wer seine eigenen Wege gehen darf, kommt bald vom Weg ab. Ein Huhn ohne Kopf kann keine gerade Strecke laufen. Ein typisches Beispiel war die unglückliche ikarische Gemeinschaft, deren Präsident nicht einmal einen Sack Weizen kaufen durfte ohne ausdrückliche Zustimmung der ganzen Gemeinschaft. Auch Menschen mit den besten Absichten brauchen die Koordination zur Gruppenaktivität.

Letztlich sind manche Kommunen gescheitert, weil sie keine klare Zielvorstellungen hatten. Der bloße Wunsch nach wirtschaftlicher Stabilität genügt wohl nicht, um Menschen zusammenzuhalten. Es ist kein Zufall, daß fast alle erfolgreichen Versuche religiös motiviert waren.

Wie kann man nun die genannten Fallen meiden?

Vor allem dürfen wir keine Wunder erwarten. Es genügt, wenn die neue Lebensweise *besser* ist als die alte. Daß sie vollkommen sein soll, wäre zuviel verlangt.

Richtlinien über die Aufnahme von Bewerbern sind wichtig. Ein einziger ewiger Nörgler kann die Moral vieler ehrlich bemühter Menschen untergraben. Besonders in einer noch neuen Kommune ist es klug, darauf zu achten, daß nur ausgeglichene Menschen aufgenommen werden.

Wie gesagt, muß es ein System und einige Regeln geben — aber nicht mit der Vorstellung, die Menschen dadurch gut zu machen. Unser reges Interesse soll den Menschen als Einzelwesen gelten, nicht als Teilen eines Systems. Das System ist nur nötig, um das Leben der Kommune zu koordinieren. Es ist kein Heilsbringer.

Wir dürfen nicht erwarten, daß Menschen eine völlig andere Lebensweise annehmen, als sie gewöhnt sind. Diese Vorsicht ist vor allem angebracht beim Erzwingen von „Gemeinschaftsgeist". Eine Gemeinschaft von Gleichgesinnten kann nicht durch die Kraft einer Theorie zusammengeschmiedet werden. Die Menschen müssen den Gemeinschaftssinn organisch entwickeln. Der sicherste Weg für jede neue Gemeinschaft ist, daß jeder die Freiheit erhält, mit anderen auf seine Weise zusammenzukommen.

Und dann muß es in einer zielbewußten Kommune irgendeine Führung geben. Aber ein guter Führer ist kein Diktator. Er regt die Eigeninitiative der Mitglieder an. Er stellt menschliche Werte an die Spitze des Systems und ermutigt die Leute zur Selbstentfaltung. Je weniger fest zusammengefügt eine Kommune ist, desto eher wird sie einen Führer dieses Typs haben. Wo die Leute jedoch alles gemeinsam tun und über alles einer Meinung sein sollen, zusammen essen, zusammen spielen und immer zusammen arbeiten, da entstehen leicht Konflikte. Eine Kommune, die um solch ständiges intensives Gemeinschaftsleben ringt, braucht zum Überleben wahre Wunder an Führungskunst.

Man betrachte daneben eine andersartige Gemeinschaft: ein normales Dorf, wo der „Gemeinschaftsgeist" den Menschen nicht bis zum Überdruß gepredigt wird. Dort läßt sich die Verwaltungsarbeit leicht auf ein Minimum beschränken. Dörfer blieben bestehen, während fest zusammengefügte Kommunen zerfielen, sobald eine starke Führung fehlte.

Die naheliegende Lösung — wenn man keine Diktatur möchte — ist einfach, daß man von den Leuten kein ständiges Beisammensein verlangt, kein Ausmaß an Einmütigkeit, auf das sie nicht vorbereitet sind. Die Führung einer Kommune kann dann fest sein, aber ohne viel Aufhebens zu machen. Die Menschen bekommen die Freiheit zu wachsen, doch gleichzeitig vermittelt man ihnen genug Sinn für die gemeinsame Richtung, damit sie zusammenwachsen und nicht auseinander.

Ein sicherer Beginn ist es anscheinend, die Tatsache besonders zu beachten, daß die meisten erfolgreichen Gründungen religiös orientiert waren. Bei der Verbreitung der Idee von „Weltbruderschaftskolonien" sollte man zumindest die ersten Versuche nicht ohne diesen bislang so wichtigen Faktor planen.

Religiöse Orientierung braucht aber nicht Sektierismus zu bedeuten. Der reine Wesenskern der Religionen ist die Betonung eines *inneren Lebens*. Nicht durch religiösen Fanatismus wurden Gemeinschaften zusammengehalten, sondern durch das innere Leben, das jedes Mitglied aus seinem Glauben heraus entwickelte. Das gab ihm den nötigen Frieden, um über kleine Mißgeschicke zu lächeln, die Beweglichkeit, dem Nächsten bei Uneinigkeit auf halbem Weg entgegenzukommen, und die Freiheit, sich an Dingen zu erfreuen ohne Verhaftung. Keine Kommune kann sich Nachlässigkeit leisten, wo es um die Stärkung dieses inneren Bewußtseins geht. Kooperative Kommunen werden in erster Linie dazu benötigt, solch ein inneres Leben möglich zu machen.

Zu den folgenden Abbildungen: Es ist schwierig für eine Gemeinschaft, von Geschäftskontakten mit der Außenwelt völlig unabhängig zu werden. Bei der Herstellung der Nahrung wird man gut daran tun, sich um Selbstversorgung zu bemühen. Arbeiter unserer Milchwirtschaft holen Heu für unsere wachsende Herde von Milchkühen ein. Ein Kommunemitglied bei der Arbeit in unserem biologischen Garten.

WIE MAN ANFÄNGT

Kürzlich las ich in einer Lokalzeitung von jemandem, der eine ideale Gemeinschaft zu gründen versuchte, komplett mit fortschrittlicher Universität, Laboratorien, Konzerthalle — kurz, allen sozialen Annehmlichkeiten, entworfen mit makellosem architektonischen Geschmack. Er versucht, neun Milliarden DM für dieses Traumprojekt zu bekommen.

Ich hörte von anderen, von wohlhabenden Männern, die Land kauften in der Absicht, es zur künftigen Freude vieler Menschen zu gestalten. Das sind wohltätige Unternehmungen, von denen andere profitieren mit einem Minimum an persönlicher Eigenverantwortung.

Was wird aus dem ersten Projekt? Neun Milliarden DM sind wahrlich keine Kleinigkeit! Jemand mit so unpraktischen Plänen kann froh sein, wenn er neuntausend kriegt. Niemand will sein Geld in den Wind schreiben. Aber das Beispiel ist bemerkenswert, weil die Menschen allzu oft glauben, es seien riesige Summen nötig, ehe man ein bedeutendes Projekt beginnen und Menschen zur Mitarbeit bringen kann. Gerade das Gegenteil ist der Fall: Menschen produzieren Wohlstand durch Zusammenarbeit. Viele große Unternehmungen haben mit einem Schnürsenkel angefangen. Es ist besser, mit wenig zu beginnen, als jahrelang auf einen Goldregen vom Himmel zu warten.

Der reiche Mann mit seiner Wohltätigkeit — er ist wenigstens in der Lage, einen Anfang zu machen. Doch die Bereitschaft der Leute, seine Gönnerschaft ohne eigene Verantwortung anzunehmen, bedeutet den

WIE MAN ANFÄNGT

sicheren Tod der Kommune. Selbst wenn Menschen unter solchen Bedingungen arbeiten würden, was wäre ihr Motiv? Dankbarkeit? Es gibt einen Zeitpunkt, wo Dankbarkeit ein anderes Wort für Sklaverei werden kann. Nein, es ist besser, wenn die Menschen für ihr Glück selbst verantwortlich sind und dafür arbeiten mit dem Wissen, daß sie für sich selbst arbeiten.

Es ist heutzutage sicher nicht schwer, 4000 DM pro Person zu sparen, wenn ein Antrieb vorhanden ist. Hundert Leute hätten dann 400 000 DM — genug für einen sehr guten Anfang.

Aber es gibt Wege, gute Absichten in die Tat umzusetzen. Hier ein Vorschlag: Man macht einen „Schlachtplan" für einige Monate. Die Leute können erheblich mehr als sonst sparen, wenn sie von Anfang an das kooperative Prinzip annehmen und ihre Mittel zusammenlegen. Besonders junge Leute finden es leicht, sich an einen solchen Plan zu gewöhnen.

Sie könnten ihre Mahlzeiten gemeinsam einnehmen. Das Essen wird in dieser Zeit einfacher gehalten. Das Kochen für viele würde Kosten und Arbeit sehr verringern. Jeder zahlt einen Essensbeitrag für drei oder vier Monate. Gekocht wird entweder abwechselnd auf freiwilliger Basis, oder es wird bezahlt, wobei die Köche ihre 4000 DM durch die Küchenarbeit verdienen. Eventuell übriges Geld könnte für Korn zum späteren Gebrauch in der Kommune ausgegeben werden.

Wohngelegenheiten könnten zeitweise mit anderen geteilt werden. Zimmer oder Wohnung mit jemandem zu teilen, das gefällt manchen Leuten vielleicht nicht, aber drei oder vier Monate lang sollte es keinem als großes Opfer erscheinen.

In den Großstädten ist es heute nicht schwer, 1500 DM im Monat zu verdienen. Wenn davon 150 DM für Essen und 150 DM für Miete ausgegeben werden, kann man leicht monatlich 1000 DM von den benötigten 4000 DM sparen.

Falls dieser Plan nicht angenommen wird, kann ein regelmäßiger Wochen- oder Monatsbeitrag von 100 DM für die Mitgliedschaft in der Kommune ein schnelleres Sparen gewährleisten, als wenn man das Geld selbst hortet, bis es die Endsumme von 4000 DM erreicht. (1000 DM auf der Bank und ein Versandhauskatalog auf dem Tisch können zauberhafte Verschwendungsakte bewirken!)

Angenommen, eine grundlegende Summe Geldes wurde angespart, wie geht es nun weiter?

Eine gute Regel, gewonnen aus den Erfahrungen von früheren Gemeinschaften, lautet: Nimm keine Kredite auf. Spare ein Anfangskapital, wenn es nötig ist, und bedenke, daß das Einkommen der Kommune für den Anfang ungewiß ist. Die Mitglieder müssen vielleicht damit zufrieden sein, nur die selbst angebauten Produkte zu verzehren. Die Last einer Verschuldung kann in diesem frühen Stadium unerträglich sein.

Es ist klug, das Land nicht zu weit von erschlossenen Gebieten zu kaufen. Die Gemeinschaft braucht Einnahmen, und hierfür sind Kontakte mit der Gesellschaft als Ganzheit notwendig. Es kann sogar klug sein, nicht zu weit vom früheren Zuhause der Mitglieder zu siedeln. Leute aus Essen finden zum Beispiel viel billigeres Land an der Zonengrenze als in ihrem eigenen Gebiet. Aber gesetzt den Fall, sie könnten anfangs nur zeitweise am Projekt arbeiten — es wäre schwieriger, regelmäßig an die Zonengrenze zu fahren. Was noch schlimmer ist: die größere Entfernung verringert beträchtlich die Chance, neue Leute aus dem gegenwärtigen Bekanntenkreis in die Kommune zu bringen. Die meisten Menschen möchten den Ort sehen, ehe sie sich bereiterklären, dort zu leben. Willige Arbeitskräfte sind für die Kommune die größte Quelle des Wohlstands. Warum sollte man diese Quelle um einer anfänglichen Ersparnis willen gefährden und auf einen ständig zugänglichen Platz verzichten?

Wenn möglich, sollte Land in ausreichender Größe gekauft werden, so daß spätere Ausdehnung möglich ist. Oder es sollte Aussicht auf weiteren Landerwerb in dieser Gegend bestehen. Solches Land ist nicht immer leicht zu finden, und eine vernünftige Alternative scheint beachtenswert: wenn die Kommune wächst, und es gelingt ihr, den Anfang zu machen in Freundschaft zu den umliegenden Gemeinden, dann ist es zumindest denkbar, daß einige Nachbarn mit der Zeit den Vorteil eines Anschlusses an die Kommune sehen und ihr Land zum Ganzen dazugeben.

Obwohl eine neue kooperative Kommune nicht solche Härten erlebt wie ein einzelnes Paar, das allein in den Wald zieht, wird der Lebensstandard sicher nicht vergleichbar sein mit dem, was die meisten

Mitglieder in der Stadt gekannt haben. Die ersten Stadien des Kommunelebens sind den Leuten mit Pioniergeist vorbehalten. Neuankömmlinge sollten im voraus auf ein Leben von ungewöhnlicher Einfachheit vorbereitet werden.

Jahrelange Anstrengung wird Wohlstand bringen. Aber muß eine ausgeprägte Einfachheit, mit der man anfängt, als Last empfunden werden? Sicher nicht! Für jeden, der die Fesseln des Großstadtlebens gründlich kennt, kann ein einfaches Leben nur eine Erlösung von belastenden Nichtigkeiten bedeuten um der Dinge willen, die wichtig sind für das Glück.

Soviel wie möglich vom Anfangskapital sollte aufgehoben werden für die Investierung in verschiedene lohnende Unternehmen. Die ersten Bewohner mögen für einige Zeit mit dem Leben in Zelten zufrieden sein. Eine praktische und komfortable Alternative ist der *Hogan* der Navajo-Indianer: Gerüststangen können billig aus zweiter Hand gekauft und in einem großen Kreis angeordnet werden. Allmählich nach oben verengt bilden sie ein gerundetes Dach mit einer Öffnung in der Mitte. Sie werden mit Plastik und Maschendraht und zum Schluß mit Lehmziegeln bedeckt. Eine bewegliche Plastikkappe kann über die Deckenöffnung gestülpt werden. Für 400 DM, vielleicht weniger, kann man ein ziemlich geräumiges, bequemes und gut isoliertes Heim haben!

Getreide sollte so früh wie möglich angebaut werden. Wenn die Kommune nicht das Glück hat, einen Landwirtschaftskundigen unter den Mitgliedern zu haben, sollten die für den Anbau zuständigen Leute den Boden auf seine Qualität untersuchen lassen und Rat einholen, wie man ihn nötigenfalls verbessern kann. Es ist klug, den Getreideanbau wenigstens zwei Jahre im voraus zu planen.

Einen Vorteil des Essens von eigenen Produkten wird jeder gern bestätigen, der schon einmal auf einem Bauernhof gegessen hat. Wirklich frisches Obst und Gemüse sind einfach ein unbekannter Genuß für den, der seine Nahrung Stunden oder gar Tage nach dem Pflücken essen muß.

Es wäre paradox, wenn eine Kommune das Landleben annähme und dann seine Möglichkeiten für eine Ernährungsverbesserung ignorieren würde. In den Städten kann man fast nirgends Obst und Gemüse finden, das nicht mit Schädlingsvertilgungsmitteln gespritzt und mit

Chemikalien zur Verbesserung des Wachstums und des Aussehens behandelt wurde — nicht zugunsten der Gesundheit des Käufers, sondern um des Profits für den Verkäufer willen. Viel wurde geschrieben über Schädlingsvertilgungsmittel und chemische Düngung — genug, um jeden denkenden Menschen vom Vorzug ungespritzter und biologisch gedüngter Nahrung zu überzeugen.

Zur Sicherung für den Fall von Getreidemißernten sollte die Kommune von Anfang an planen, große Vorräte an Vollkorn, Schälerbsen, Linsen und anderen haltbaren Lebensmitteln zu sammeln und zu lagern.

Einer der teuersten und ungesündesten Faktoren im durchschnittlichen Lebensmitteletat ist das Fleisch. Eine Kommune ist glücklich dran, wenn sie sich auf vegetarische Lebensweise einigen kann, zumindest in bezug auf die eigene Produktion und den offiziellen Verbrauch (wer Fleisch so dringend verlangt, daß er es auswärts kaufen will, hat also diese Möglichkeit). Gründe für eine fleischlose Ernährung gibt in Einzelheiten mein Buch *Yoga Postures for Self-Awareness*.

Manche Kommune wird erstaunt sein, wie wenig Geld man wirklich für die Ernährung braucht. 1950 aß ich einige Monate lang für 30 DM im Monat, wobei ich alles im Lebensmittelladen kaufte. 1960 erwähnte ich dieses Kunststück vor einigen Freunden. (Sie hatten sich über die hohen Lebensmittelpreise aufgeregt.)

,,Oh, aber *1950* war alles anders!" versicherten sie mir.

Das ist möglich. Doch 1963 hielt ich einen ähnlichen Etat drei Monate lang durch. Tatsächlich kam ich auf 40 DM im Monat, aber etwa 10 DM hiervon wurden für Nachtisch und anderen Luxus ausgegeben. Ich tat nichts anderes, als die teureren Faktoren meiner Ernährung zu streichen: Fleisch (das ich nun seit fast 20 Jahren nicht mehr gegessen habe), Eier, Brot, Butter, Milch. Anstelle des Brotes machte ich aus selbstgemahlenem Mehl einen ungesäuerten Fladen wie eine Tortilla. Da ich dies ,,Chappati" (wie es in Indien heißt) in Öl buk, brauchte ich keine Butter. Ich gewöhnte meinen Gaumen an Pulvermilch, die nur ein Drittel vom Preis der üblichen Milch kostet. Ich ließ Alfalfasamen keimen, aß Nüsse, Obst und Gemüse, kochte gelegentlich eine dicke gewürzte Suppe, ,,Daal", aus Schälerbsen oder Linsen. Rohes

WIE MAN ANFÄNGT

Obst und Gemüse gaben mir ein Höchstmaß an Nährstoffen bei geringster Menge.

Thoreau schrieb: „Die Frucht des Luxus ist Verschwendung." Die Früchte des einfachen Lebens sind Frieden, Glück und Freiheit. Für viele Menschen wäre es gar keine Entbehrung, ohne moderne Annehmlichkeiten zu leben, vielleicht mit Gaslichtern, mit Holz- oder Ölöfen und ohne Telefon oder Fernseher!

Es gibt eine Geschichte über einen Indianer, der seine Familie von einem Stückchen Land, weniger als 40 a groß, ernährte. Ein Nachbar, ein wohlhabender weißer Farmer, wurde sein Freund. Dieser Mann bemitleidete seinen armen Freund wegen seiner mageren Existenz und bot ihm einige angrenzende Äcker als Geschenk an.

„Du bist gütig", antwortete der Indianer, „aber sieh: Das Land, das ich habe, reicht für unseren Bedarf. Wenn ich mehr zu bebauen hätte, wann fände ich Zeit zum Singen?"

Wenn die Menschen nur ihre Bedürfnisse vereinfachen würden, wieviel Zeit fänden sie zum Singen!

Zu den folgenden Abbildungen: Die Kraft der Frauen wird in der heutigen Welt dringend gebraucht. Denn es waren die Frauen, die in der Menschheit Zusammenarbeit und Harmonie weckten. Deshalb werden die Frauen in Ananda ermutigt, in allen Bereichen des gemeinschaftlichen Lebens mitzuwirken. Nirmala hilft beim Pflastern einer Straße; und ruht sich von ihrer Arbeit im Markt aus, um ein wenig zu nähen.

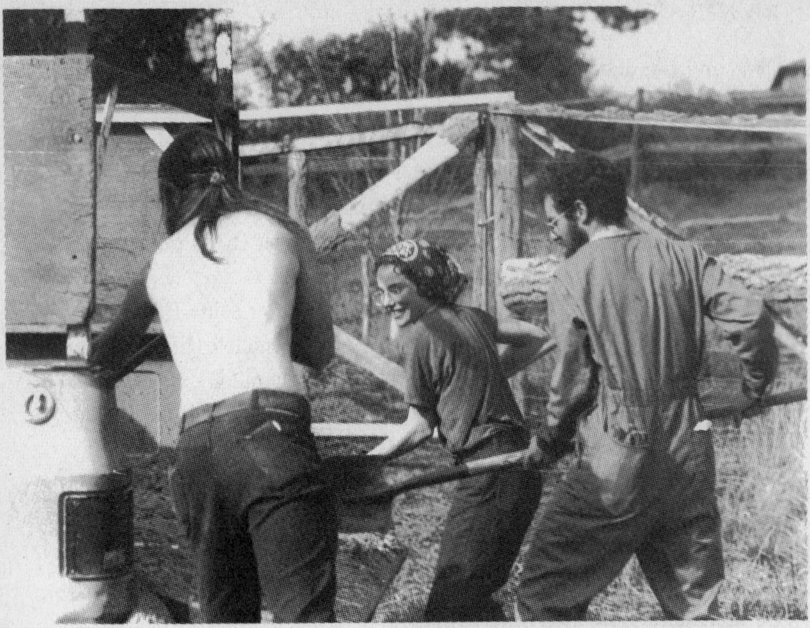

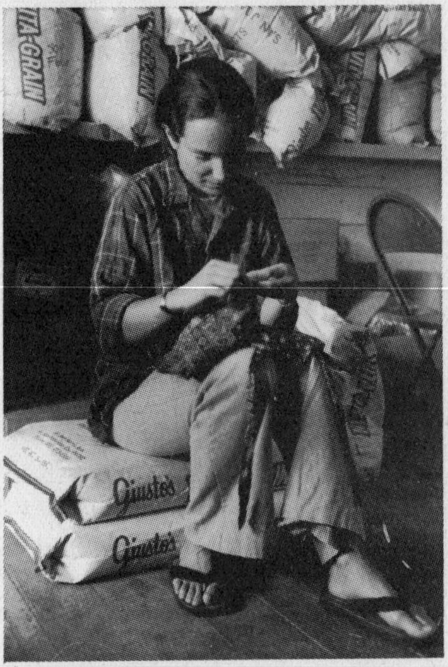
Giusto's
Giusto's

FINANZEN DER KOMMUNE

Eine lebenswichtige Frage für die kooperative Gemeinschaft ist die der Verteilung der Güter. Der klassische Plan aus den Tagen der Urchristen war, daß die Mitglieder alles gemeinsam besitzen. Bei diesem System profitiert der einzelne von allem, was die Kommune ihm gibt, aber er soll es nicht als persönliches Eigentum ansehen. Für seine Arbeit erhält er alles kostenlos.

In einer Mönchsgemeinschaft ist dieses System vielleicht gut und richtig. Freiheit von Bindungen an Geld und Besitz ist schließlich wünschenswert für einen Menschen, dessen Leben dem spirituellen Streben gewidmet ist. Doch für Familien ist dieses System meiner Meinung nach zu streng, zu abseits vom üblichen Bewußtsein unserer Zeit und möglicherweise tyrannisch. Es ist außerdem ein echtes Hindernis für die Entwicklung der Wirtschaft in der Kommune.

Das große Problem bei totalem Gemeinschaftsbesitz ist der erhöhte Bedarf an Gemeinschaftsdisziplin. Wer alles bekommt, ohne zu bezahlen, muß irgendwie dazu gebracht werden, für das Erhaltene zu arbeiten. Wenn die Kommune überhaupt produktiv sein will, ist die einzige Lösung ohne das Motiv des persönlichen Profits die Betonung des „Gruppengeistes" oder der Schönheit heiligen Gehorsams. Zu oft wird der gute Wille des Ansiedlers ausgenutzt. Er kommt für ein Leben des Friedens, und im Namen des Gruppengeistes findet er sich in alle Arten ruhmreicher Projekte verwickelt: den Bau einer neuen Bücherei, eines Krankenhauses, eines Erholungszentrums. Und es sollen nicht irgendwelche Bauwerke sein, sondern die besten, die man sich vorstellen kann, um des guten Namens der Gemeinschaft willen. Eine mir bekannte Gemeinschaft in Indien hat, erfüllt von diesem edlen Motiv, Jahrzehnte dem Bau eines Tempels gewidmet, der schöner werden soll als das Taj Mahal. Aber wozu?

Wären die Menschen alle hochgradig spirituell, so brauchte man sie weder zur Arbeit anzutreiben, noch bestände die Gefahr, daß ehrgeizige Führer sie zur Überarbeitung zwängen. Einige religiöse Schriften sagen sogar, daß die Menschen die Früchte der Arbeit ohne jede Anstrengung empfangen würden, wenn sie alle spirituell wären. Doch wir leben nicht in einem solchen spirituellen Zeitalter.

Es überrascht nicht, daß in Rußland, wo nur 3 % des genutzten Landes in Privatbesitz ist, dieser winzige Anteil die Hälfte des Fleisches, der Milch und des Blattgemüses der ganzen Nation liefert. Die frühen amerikanischen Kolonien machten eine ähnliche Erfahrung. Die meisten Menschen brauchen das Gefühl, für sich selbst zu arbeiten. In Wirklichkeit würden sie in einer völlig kommunistischen Gesellschaft vielleicht ebenso für das eigene Wohl arbeiten, doch haben sie selten den Weitblick, diese Tatsache zu erkennen.

Es muß hinzugefügt werden, daß die Vorstellung der Führer des Kommunismus auch nicht klarer ist. Diese Leute neigen meist dazu, den Beitrag des Arbeiters für selbstverständlich zu halten. Zugleich bleibt es ihnen aber schmerzlich bewußt, daß sie ihm neben der Plage, seine Arbeit zu beaufsichtigen, auch noch Nahrung, Wohnung, Kleidung und Zerstreuung bieten müssen. Kein Wunder, daß ihre Zuwendungen an den Arbeiter meist dürftig sind. Kein Wunder, daß man ihm mit harter Disziplin begegnet und ihm sagt, er müsse immer gehorchen und dürfe nie an sich und seine persönlichen Bedürfnisse denken.

Und falls aus einer kleinen kommunistischen Gemeinschaft je ein Mitglied fortgeht, wie wird es entschädigt? Man wird ihm wohl sagen, daß seine Aufnahme eine Gunst gewesen sei, und daß die Gemeinschaft ihm nichts schulde außer vielleicht einem Tadel wegen seiner Undankbarkeit. Anschließend gibt man ihm vielleicht ein Almosen aus „Nächstenliebe".

So kommt es – welche Schande –, daß mancher Mönch, manche Nonne und manches Mitglied von Gemeinschaften mit totalem Gemeinbesitz in der Gemeinschaft blieb – nicht wegen hoher Ideale, sondern aus purer wirtschaftlicher Notwendigkeit. Sie verlebten ihr Alter in Enttäuschung und vergifteten andere mit ihren Temperamentsausbrüchen und eifersüchtigem Stolz auf ihr hohes Dienstalter. Die Situation ist vergleichbar mit der in *Bei geschlossenen Türen,* jenem gänzlich hoffnungslosen Stück von Jean-Paul Sartre.

Nein, der gesündeste Weg wäre anscheinend das System, das die Leute sowieso gewöhnt sind: Laß sie für Lohn arbeiten und bezahlen für das, was sie bekommen. Laß sie für die Zukunft sparen, was sie wollen. Das einfachste Management ist, daß man die Leute einfach anregt, sich selbst zu managen. Wenn sie für ihren Bedarf selbst sorgen müssen, werden sie sich schon rühren und etwas produzieren.

Wir finden bei der vorgeschlagenen Methode einen weiteren Vorteil: In der üblichen kommunistischen Gemeinschaft besteht, wie wir gesehen haben, die Neigung, Menschen zur Überarbeitung zu zwingen. Muß ein Mensch jedoch für alles bezahlen, was er bekommt, so wird er selbst entscheiden, wieviel Einkommen er wirklich braucht, und wie viele Stunden pro Woche er folglich arbeiten muß. Will er täglich einige Stunden dem Malen oder Meditieren widmen, so hat er bei diesem System eher die freie Zeit dafür.

Der Unterschied zwischen dem hier vorgeschlagenen Wirtschaftssystem und einem normalen System des freien Unternehmertums besteht darin, daß unser Mitglied wie in jedem kooperativen Unternehmen ein Teilhaber der Kommune bleibt. Durch Lohnerhöhung, Rabatt, Gewinnanteile oder besondere Zuwendungen empfängt er seinen Anteil am wirtschaftlichen Aufschwung der Kommune. Es liegt an ihm, durch seinen Arbeitsbeitrag diesen Aufschwung zu fördern oder zu dämpfen.

Das empfohlene System kann man im einzelnen so beschreiben:

Die Löhne werden je nach Arbeitsbedarf der Kommune gezahlt. Um die Erledigung aller Arbeiten zu sichern, kann man die weniger beliebten Arbeiten besser bezahlen. Die Leute werden nach Stunden oder nach der geleisteten Arbeit bezahlt, das hängt von der Art der Arbeit ab. Wenn irgend möglich, sollten sie selbst über die Zahl ihrer Arbeitsstunden entscheiden. Wenn aber andere Menschen an dem Projekt beteiligt sind, muß jeder seine Entscheidung rechtzeitig vorher mitteilen, um nicht den ganzen Arbeitsablauf zu stören.

Tatsächlich haben wir in Ananda wenigstens bisher als einfachste Methode das angewandt, worauf unsere westliche Erziehung uns bestens vorbereitet hat: Unternehmende Mitglieder haben ihre eigenen Betriebe gegründet und beschäftigen andere Mitglieder zu den Löhnen, die sie sich leisten können. Manchmal sprechen diese Eigentümer davon, ihre Betriebe der Zentralverwaltung der Kommune zu übergeben. Doch bisher haben die Leute, die am meisten für die Finanzen der Kommune verantwortlich sind, eine solche Zentralisierung als unpraktisch und als nachteilig für die Initiative des einzelnen abgelehnt.

Künstler und Handwerker, die ihre Werke durch die Kommune verkaufen, würden der Kommune den üblichen Anteil für Handel oder Vermittlung geben. Von Schriftstellern und anderen, die ihre Werke außerhalb der Kommune verkaufen, könnte man erwarten, daß sie der Kommune einen Prozentsatz ihrer Honorare zahlen, denn ihr Werk ist in gewisser Hinsicht nicht allein ihr Produkt, sondern wurde letztlich durch die Existenz der Kommune ermöglicht.

Neben den Löhnen kann ein Arbeiter auch eine entsprechende Anzahl von Einheiten gutgeschrieben bekommen: eine Einheit für jede Mark, die er durch direkten Dienst in der Kommune verdiente. Die Zahl der Einheiten bestimmt am Ende seinen Anteil am Gewinn der Kommune. Ich muß jedoch hinzufügen, daß wir in Ananda dieses System nicht durchführen. Es erscheint uns zu beschwerlich für unsere bescheidene Buchführung.

Damit keiner durch seinen Reichtum die Kommune unter seine Kontrolle bringen kann, sollte man die übliche Praxis des Kooperativen einhalten: Jedes Mitglied hat nur eine Stimme, egal wieviel Geld es in die Kommune brachte. Jedes voll stimmberechtigte Mitglied muß jedoch einen Mindesbeitrag einzahlen. Bei Ananda haben wir eine Aufnahmegebühr von 2000 DM für Einzelpersonen und 3000 DM für Ehepaare festgelegt.

KOMMUNELEBEN CONTRA PRIVATLEBEN

Die meisten Fürsprecher der Idee „Kooperative Kommune" betonen ausdrücklich die Ersparnis durch gemeinsames Wohnen und Kochen. B.F. Skinner schrieb in *Futurum Zwei*, ohne diese Möglichkeiten einer Kommune „müßten wir in etwa hundertfünfzig Häusern wohnen und in hundert Büros, Läden, Werkstätten und Speichern arbeiten. Es bedeutet eine enorme Vereinfachung und Verbilligung an Zeit und Geld."

Doch das Leben bietet viele andere Freuden außer denen, die man durch die freudige Bereitschaft zum Sparen von Zeit und Geld gewinnt. Wenn ich meine Wohnung in San Francisco wegen einer Besorgung verließ, fuhr ich oft einen Umweg durch den Golden Gate Park. Es mag Verschwendung von Zeit und Benzin gewesen sein, aber der seelische Gewinn bedeutete mir mehr.

Nein — die Behauptung, die Leute *müßten* aus irgendwelchen theoretischen Gründen zusammenleben, wäre ebenso falsch wie die Behauptung, sie *müßten* allein leben. Für viele Individuen sind das eigene Haus und der eigene Garten die Kurzformel für das gute Leben.

Natürlich würde ein totales Gemeinschaftsleben Geld sparen. Gemeinsames Essen und Wohnen soll ermöglicht werden für alle, die dies vorziehen. Will aber jemand lieber in seiner eigenen Wohnung leben, sollte er die Freiheit dazu haben. Wenn er dort auch essen will, so ist das seine Sache. Wenn er aber die Bequemlichkeit und Ersparnis durch Essen mit anderen vorzieht — warum sollte die Kommune nicht ein Eßzimmer haben, wo er sich anderen anschließen kann? Ein Zusammengehörigkeitsgefühl sollte auf natürliche Weise wachsen und nicht irgendeiner Theorie wegen in die Köpfe der Bewohner eingehämmert werden.

Während Mitglieder der Kommune das Recht auf ein eigenes Zuhause haben sollten, könnte man Neuankömmlinge wohl auffordern, das erste Jahr in Gemeinschaft zu leben. So kommen unangenehme Eigenheiten schneller ans Tageslicht. Mit Rücksicht auf das Wohl der Kommune sollten nur Menschen mit einigermaßen harmonischer Veranlagung als Dauerbewohner aufgenommen werden.

Für die Landfläche pro Person sollte es jedoch eine Grenze geben. Eine Person oder eine Familie, die für sich lebt, sollte nur soviel haben, wie sie für ihre Behausung mit einem kleinen Garten daneben zur Sicherung ihrer Privatsphäre braucht.

Die Häuser könnten alle nach einem Modell gebaut werden, auf das man sich einigt. Der uneinheitliche Eindruck vieler amerikanischer Großstädte entsteht hauptsächlich durch das Durcheinander ihrer architektonischen Stilrichtungen. Und bei der Planung von Häusern der Kommune sollte man an das künftige Wachstum denken. Das erscheint selbstverständlich, aber noch eine Bemerkung dazu: Ich glaube, das Problem der Zukunft wird eher ein Zuviel an Menschen sein als ein Mangel. Wenn die Zeichen nicht trügen, stehen wir am Anfang einer geschichtlichen Epoche, wo Tausende vom Kommuneleben angezogen werden. Paramahansa Yogananda schrieb von Hunderten, ja Tausenden, die sich einer einzigen Kommune anschließen. Eine Kommune von tausend Menschen mit gleichem Ziel ist sicher kaum akzeptabel für unsere heutigen Kommuneinteressenten, aber sie wäre immer noch viel besser als das Durcheinander gegensätzlicher Tendenzen in den Großstädten.

Eine Selbstverwirklichungskommune würde sich wohl zur Teilung entschließen, lange ehe sie solch hohe Bevölkerung erreicht. Hundert oder zweihundert Einwohner, Kinder inbegriffen, wäre vielleicht die bevorzugte Höchstzahl. Eine mögliche Teilung sollte von Anfang an vorgesehen und erwünscht sein. Besser viele kleine Kommunen in verschiedenen Landesteilen, wo die ansässige Bevölkerung sie besuchen und diese neue Lebensweise beobachten kann, als eine riesige Kommune an einem einzigen Ort, die den meisten Leuten nur vom Hörensagen bekannt ist. Eine kleine Kommune ist in jedem Fall besser. Riesengröße raubt ihr viel von ihrem ursprünglichen Charme.

Wir wollen nun den Fall einer Teilung betrachten. Die „Kolonisten", wie wir sie nennen, können ihren Anteil aus dem Fond der Mutterkommune erhalten, außerdem vielleicht ein zinsloses Darlehn. Dann werden sie losgeschickt, eine weitere selbständige Kommune, nicht eine Zweigstelle zu gründen. Denn keine Kommune dieser Art kann in der Praxis aus der Ferne geleitet werden. Sie mag eine Zeit lang unter den Fittichen der Mutterkommune leben, aber sie muß so früh wie möglich nach Unabhängigkeit streben.

Kurz, das Leitmotiv jeder Kommune als Ganzheit sollte das sein, was auch den einzelnen zur Kommune zog: Selbstverwirklichung.

Und zwischen den verschiedenen Kolonien sollte der gleiche Geist herrschen wie innerhalb der Kolonien unter ihren einzelnen Mitgliedern: Kooperation.

Zu den folgenden Abbildungen: „Eine der Hauptaufgaben einer kooperativen Kommune muß die Ausweitung der menschlichen Sympathien sein." Ein bemerkenswertes Verständnis für die Bedürfnisse anderer findet man in Ananda schon bei den Vorschulkindern.
Die Kinder der „Lebensschulen" in Ananda leisten viele Dienste für die Gemeinschaft — sie putzen auch die Duschen im Retreat.
Jyotish, Verwaltungsleiter von Ananda, ist zugleich Geistlicher der Yoga Fellowship. Hier tauft er eines der jüngsten Gemeinschaftsmitglieder.

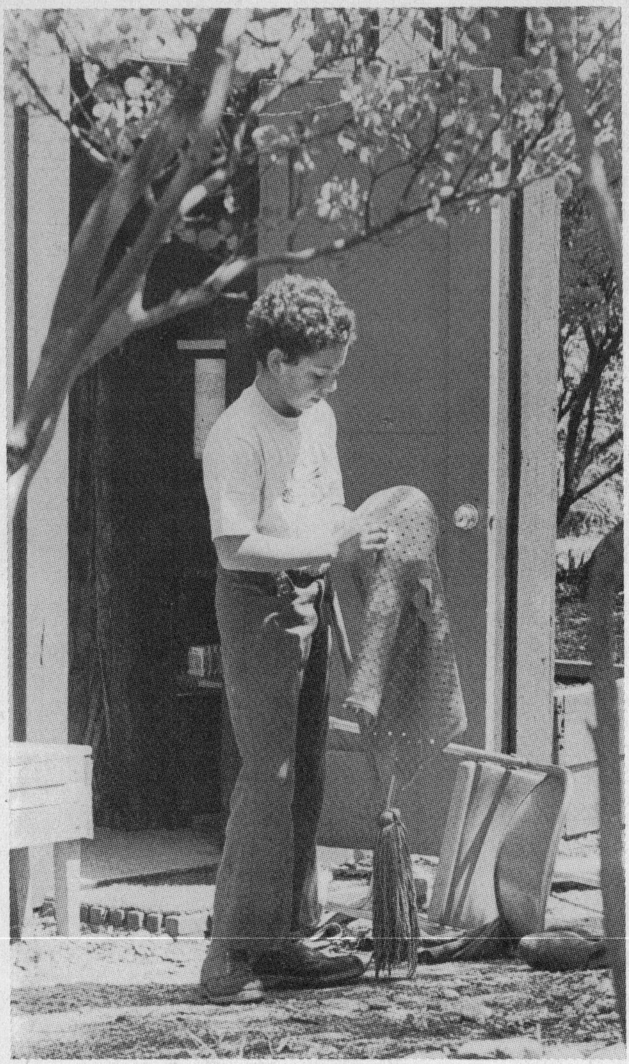

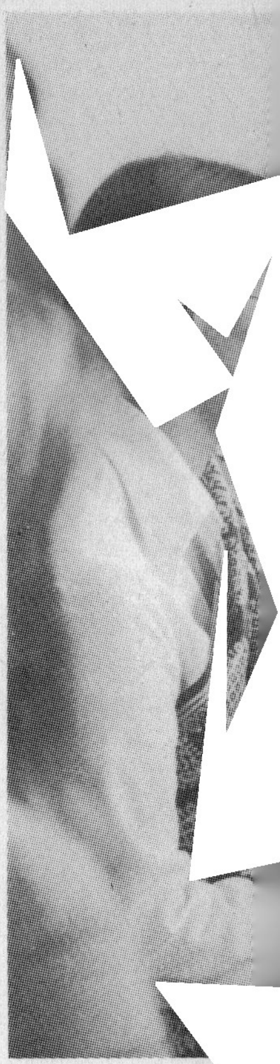

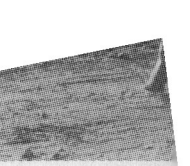

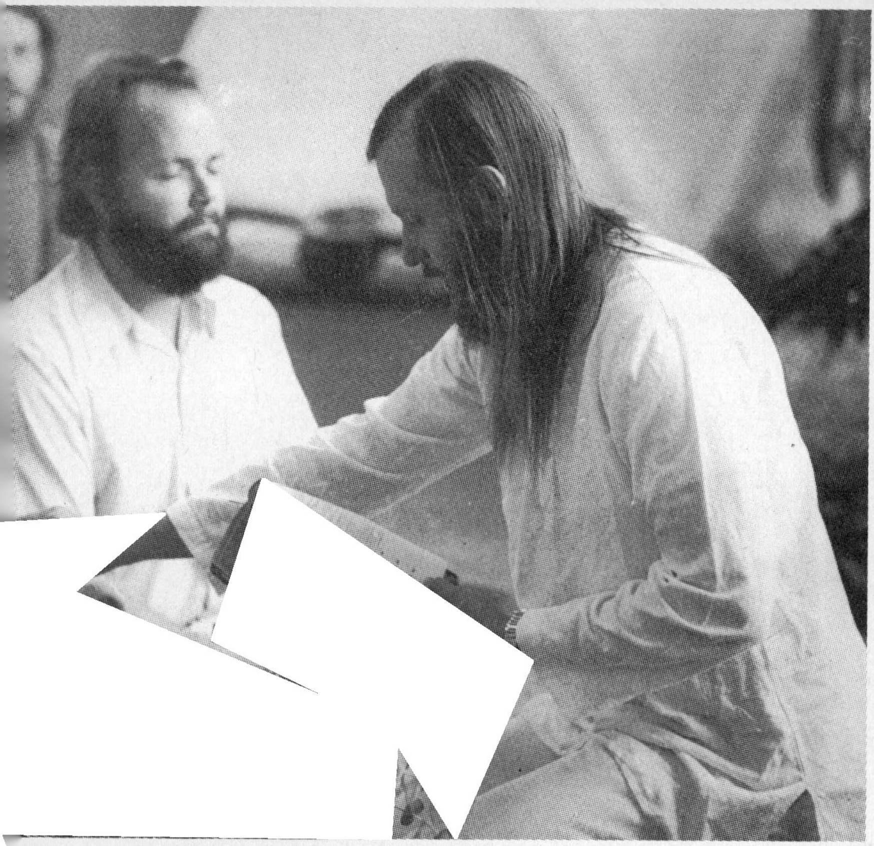

ERZIEHUNG

„Wie der Zweig sich neigt, so wächst der Baum."

Erziehung spielt eine wesentliche Rolle in jeder Kommune. Eine kooperative Kommune bietet nicht nur neue Möglichkeiten für ein besseres Leben, sondern auch eine neue Lebensanschauung, die am leichtesten in Kindern entwickelt werden kann. Doch wenn die Kinder zu den benachbarten Schulen geschickt werden, wird der dort geweckte Wettbewerbsgeist ihr Verständnis für Kooperation nicht fördern. Kinder neigen mehr zur Nachahmung als zum selbständigen Denken.

Die Kommune sollte deshalb so früh wie möglich versuchen, eigene Schulen zu bauen — Einrichtungen, wo Kinder lernen können zu *leben*, nicht nur addieren und subtrahieren und eine Liste trockener Fakten ablesen.

Ich habe viele Freunde im Lehrberuf. Es ist erstaunlich, wie viele von ihnen über das öffentliche Schulsystem murren. Ihre Hauptklage ist, daß sie so wenig Gelegenheit zu Kreativität haben. Je größer eine Einrichtung ist, desto größer ist die Notwendigkeit, ihren Mitgliedern Gleichförmigkeit aufzuerlegen. Abweichungen sind ein Fluch für die etablierte Ordnung.

In einer kleinen kooperativen Schule jedoch besteht die Möglichkeit zahlloser Eigenschöpfungen. Der Unterricht kann ein ständiges Experiment mit neuen und besseren Wegen der Vermittlung von Wissen und Verständnis sein.

Bei einer attraktiven Vorstellung von Erziehung kann die Gruppenerziehung ruhig früh im Leben beginnen mit besonders ausgebildeten „Babysittern". Die moderne Sozialerziehung vermittelt zwar den Leuten das Gefühl, daß eine Mutter ständig bei ihren Kindern sein soll. Doch wozu? Wenn sie mit ihrer Hausarbeit beschäftigt ist, hat sie ohnehin keine Zeit, mit ihnen zu spielen, sie sind ihr nur im Weg. Die Zeit, die sie ihnen nach getaner Arbeit wirklich widmen kann, wird überschattet von der Erinnerung an einen langen Tag voller Schimpfe und Klapse.

Meine frühe Kindheit verbrachte ich in Rumänien, wo mein Vater als Erdölgeologe arbeitete. Dort konnten meine Eltern als Amerikaner sich ein Kindermädchen leisten. Ich hörte sie oft sagen, daß sie durch die Freiheit, die das Mädchen ihnen ermöglichte, viel mehr Freude an uns haben konnten als sonst. Und wenn ich es aus der Sicht von uns Kindern betrachte, kann ich wirklich sagen, daß man sich kaum eine glücklichere Kindheit oder ein stärkeres Gefühl von Liebe und Achtung für die Eltern vorstellen kann, als wir empfanden.

Doch gemeinschaftliche Betreuung von früher Kindheit an hilft auch, etwas zu erwerben, was alle klugen Eltern anstreben sollten: Das Verbundenheitsgefühl des Kindes wird ausgedehnt. Die Einstellung „wir vier und sonst keiner" ist selbstsüchtig und macht blind. Eine der Hauptaufgaben einer kooperativen Kommune muß die Ausweitung der menschlichen Sympathien sein.

Wenn ich wieder meine eigene Kindheit ansehe, so lebten wir auch fast wie eine Kommune — eine Anzahl Familien in einer abgeschlossenen Siedlung nahe einer großen Ölraffinerie namens Teleajen. Wir schenkten den eigenen Eltern besondere Zuneigung, und doch nannten wir alle anderen Erwachsenen liebevoll „Onkel" und „Tante".

Warum nicht? Die Kommune sollte für das Kind die Vergrößerung seiner Familie sein. Eines Tages wird man soweit sein, alle Menschen als Brüder anzusehen.

Es ist zweifelhaft, ob man Wettspiele und Wettkämpfe aus dem Leben eines Kindes verbannen kann, ohne ihm viel von seiner Farbigkeit zu nehmen. Doch der Schwerpunkt sollte auf Spielen liegen, bei denen das Kind sich mehr auf Schulung der eigenen Geschicklichkeit konzentriert als auf das Besiegen eines Gegners.

In ähnlicher Weise sollte die Notengebung soweit wie möglich auf der Schätzung der kindlichen Fähigkeiten durch den Lehrer, nicht auf einer Vergleichsskala mit den anderen Schülern basieren. Der Vergleich der eigenen intellektuellen Fortschritte mit denen irgendeines anderen Menschen ist selten gewinnbringend. (Der Lehrer kann jedoch eine objektive Benotung eintragen, die in den Papieren des Schülers aufgehoben wird für die künftigen Aufnahmeformalitäten der Hochschulen.)

Jedes Kind soll zur Entwicklung seiner natürlichen Anlagen ermutigt werden. Jedes wählt als Hobby ein besonderes Fach oder Handwerk, in dem es persönliche Förderung erhalten soll. (Tatsächlich sollte jedes Kommunemitglied eine bestimmte Handfertigkeit üben, die zum Nutzen der Kommune verwandt werden kann.)

Ein Nachteil des üblichen Schulsystems ist die Beschränkung der Kreativität. Es ist kein Zufall, daß mancher produktive Geist seine formale Schulausbildung nicht abschloß. Der beste Weg, gute Schulnoten zu bekommen, ist die Übernahme der Interessen des Lehrers. Mädchen sind allgemein besser als Jungen, weil sie einfach mehr Fähigkeit zur Diplomatie haben. Der Weg sollte jedoch gerade umgekehrt verlaufen. Es ist der Lehrer, der sein Bestes tun muß, um die Interessen des Schülers herauszufinden und zu fördern.

Das Haupthindernis hierbei ist gewöhnlich, daß er einem Textbuch folgen muß. In der Kommuneschule sollte das Lernen soviel wie möglich am Leben selbst orientiert sein statt an den starren, spröden Sätzen eines Buches.

Jeder Schüler sollte auch die grundlegenden Fähigkeiten des Lebens lernen: Konzentration, Güte und Kooperation, die Überwindung von Angst, Wut und Eifersucht; Meditation und die Entwicklung des inneren Lebens und ein Sinn für die höheren Werte des Lebens. Das sind keine Gegenstände der Klassenzimmererziehung. Sie erfordern Lebenssituationen und weise persönliche Führung durch die Lehrer. Aber sie sollten ein lebendiger Bestandteil jeder „Lebensschule" sein.

Beim Unterrichten wissenschaftlicher Fächer sollte man die natürliche Neigung der Kinder zur Heldenverehrung nutzen. Die Kinder könnten die großen Männer und Frauen der Geschichte kennenlernen, nicht nur nebenbei, sondern im lebendigen Zusammenhang mit ihren Entdeckungen und Errungenschaften. „Man lernt eine Nation kennen", sagte der indische Vizepräsident Dr. Radhakrishnan einmal zu mir, „durch die Männer und Frauen, die sie als groß ansieht." Außerdem kann die Hervorhebung des Beispiels bestimmter großer Menschen einem Kind helfen, klare Ideale zu entwickeln. Denn ein Kind denkt leichter mit Hilfe von Menschen als von Prinzipien.

Doch eine große Gestalt mitten in der Luft über den kahlen Ebenen einer vergangenen Epoche ist nicht wirkungsvoll genug. Ihre Kultur, die allgemeinen Interessen der Menschen ihrer Zeit, die Betrachtung der Ähnlichkeiten zwischen jenem Zeitalter und dem unseren — all das hilft bei der Darstellung wissenschaftlicher Fakten und Prinzipien. In diesem Zusammenhang war es einige Zeit eine Lieblingstheorie von mir, den Schüler eine Zeitlang ganz in ein Thema zu vertiefen, anstatt ihn zwischen völlig zusammenhanglosen Fächern wie Französisch, Geometrie, Geschichte und Physik hin- und herzujagen. Ich erinnere mich, wie ich vor Jahren die Feinheiten der englischen Grammatik studierte. Zwei Wochen lang tat ich nichts anderes. In der Schule hatte ich ein Jahr voller verstreuter Stunden und Hausaufgaben für dieses Thema gebraucht, und ich hatte das meiste des Gelernten innerhalb eines Monats nach der Schlußprüfung vergessen. Es ist die Konzentration, die unser Gedächtnis vertieft. Was ich in zwei Wochen *konzentrierten* Studiums aufnahm, habe ich bis heute behalten.

Wenn ein Schüler in einem Zeitraum von, sagen wir, einem Monat nur ein Gebiet studieren könnte und seine geistige Nahrung durch Ausflüge in *verwandte* Gebiete bereicherte, so würde er viel mehr lernen und viel größeres Interesse an dem Thema entwickeln. Das wage ich zu behaupten. Ein Algebrakurs z.B. führt auch zur Behandlung der Araber, die diese alte Wissenschaft aus Indien brachten. Man kann außerdem die Anwendung des Symboldenkens im Alltag berühren. Man kann das Abenteuer der modernen Naturwissenschaften behandeln und die großen Forscher, die die wissenschaftliche Revolution in Gang setzten.

Und was schadet es, wenn im Laufe des Jahres die gleichen Themen mehrmals berührt werden? Wenn man sich ihnen mehrfach von verschiedenen Interessengebieten aus nähert, gewinnen sie jedesmal an Informationsgehalt und Sinn.

Ich behaupte nicht, daß irgendeiner der genannten Punkte für die Gestaltung der Erziehung in einer Kommune notwendig sei. Sie veranschaulichen jedoch alle einen wesentlichen Zug solcher Erziehung. Sie sind alle offen für neue Erfahrungen.

REGIERUNG

Viele Zukunftsschriftsteller gaben sich Träumen hin von einer Gesellschaft ohne Regierung. Sie sahen vor sich eine Nation im Zustand vollkommenen Gleichgewichts, wo jeder Mensch seinen Platz kennt. Der alte Grieche Heraklit hatte eine Antwort auf diese Art des Denkens. „Alles ist fließend", sagte er. Lebende Organismen erreichen völliges Gleichgewicht nur im Tod. Ansonsten ist alles in Bewegung. Der Tod selbst ist nur die Methode des Lebens, Platz zu schaffen für neue Formen des Lebens.

Nein, irgendeine Form von Regierung wird immer nötig sein, und die Erfolge und Mißerfolge zahlloser Kommunen lassen ahnen, daß es eine starke Regierung sein soll. Aber Führung kann stark sein, ohne diktatorisch zu sein. Ein Diktator wäre vom Geist einer *kooperativen* Kommune weit entfernt. Man gibt einer Regierung die Macht, zu handeln, wo es nötig ist, doch die beste Regierung ist nach Thoreau die, die am wenigsten regiert, die persönliche Initiative und Verantwortlichkeit fördert, und die mehr nach dem *Gemeinwohl* handelt als nach persönlichem Standpunkt und Ehrgeiz.

Da der Mensch mit so vielen Regierungsformen experimentiert hat, ist anscheinend das vollkommene System noch nicht gefunden. Wie ich schon an anderer Stelle sagte, kann kein System besser sein als die Menschen, deren Leben es lenkt. Es kann kein „perfektes" System geben, weil die Mitglieder stets der entscheidende Faktor für seine Durchführung sind. Ein System kann dem Menschen die *Möglichkeit* zum Gutsein geben, doch es kann nicht selbst das Gute schaffen. Deshalb wollen wir eine wirkungsvolle Regierung anstreben, aber keine vollkommene.

Ananda Cooperative Village bietet ein mögliches System der Kommuneführung. Hier in Ananda suchten wir nicht nur Effektivität, sondern auch *Einfachheit* in der Verwaltung unserer Angelegenheiten. Unser Stab von Leitern, den wir lieber Planungsstab nennen (um die übliche Gedankenverbindung mit Chefs und Untergebenen zu vermeiden), wird jährlich gewählt von Dauermitgliedern, die länger als ein Jahr hier gelebt haben. Dieser Planungsstab ist der Gesamtheit der Mitglieder verantwortlich, die letztlich die Regierungsgewalt innehat.

Die Führung, die der Planungsstab aus seiner Mitte wählt, sind ein geistiger Lehrer (einem Präsidenten vergleichbar), ein Verwaltungsleiter (einem Vizepräsidenten vergleichbar), ein Schriftführer und ein Schatzmeister.

In nicht so ausdrücklich spirituellen Kommunen kann der geistige Leiter derjenige sein, der die Mitglieder in ihren selbstgewählten Idealen zu stärken hat, welche das auch immer seien. Idealismus, nicht äußere Zweckmäßigkeit, soll die höchste Richtschnur in allen Angelegenheiten einer kooperativen Kommune sein. Deshalb halte ich es für wichtig, daß dieser Vorsitzende nicht direkt an der praktischen Verwaltungsarbeit der Kommune beteiligt ist. In Ananda ist das oberste Anliegen dieses Leiters das spirituelle Wohl der Kommune. Seine Pflicht ist es, die weltlichen und die spirituellen Aktivitäten der Kommune in Einklang zu bringen. Indem er sich nicht zu stark in den weltlichen Angelegenheiten engagiert, bewahrt er einen höheren Blickpunkt, der sonst durch die Notwendigkeiten des Augenblicks verlorengehen könnte.

Die direkte Regelung der Alltagsangelegenheiten ist in Ananda Pflicht des Verwaltungsleiters. Seine Arbeit ähnelt in vieler Hinsicht der eines Managers in der Geschäftswelt mit der wesentlichen Ausnahme, daß spirituelle Prinzipien die höchste Richtschnur seines Handelns sind. In diesen Angelegenheiten bespricht er sich mit dem geistigen Leiter und steht natürlich unter der Aufsicht des Planungsstabs.

Ich habe unsere Regierung so beschrieben, als wäre sie bereits gesetzlich verankert und nicht nur eine mehr oder weniger formlose Gewohnheit. In Wirklichkeit sind wir, während die sechste amerikanische

Auflage gedruckt wird, erst im Begriff, eine gesetzliche Körperschaft zu bilden. Weitere zur Zeit noch nicht vorhersehbare Änderungen könnten in Zukunft nötig werden. Das folgende Zitat aus unserer künftigen Satzung soll daher als provisorisch angesehen werden, obwohl es meiner Ansicht nach ein recht einleuchtendes, nachahmenswertes Modell für jede Kommune ist.

„Der Planungsstab kann einzelne Mitglieder der Kommune benennen, die nötigenfalls für andere spezielle Bereiche der Kommunenaktivität verantwortlich sind. Solche speziellen Bereiche könnten z.B. folgendes umfassen:

    a. Leiter für Wohnung und Parkanlagen
    b. Leiter für landwirtschaftliche und industrielle Planung
    c. Leiter für Erholung, Unterhaltung, kulturelle Darbietungen
    d. Leiter für Werbung und Information
    e. Leiter für Erziehung und Neuaufnahmen
    f. Leiter für öffentliche Arbeiten

Die Planungsstabmitglieder werden in erster Linie nach ihrer geistigen Reife und ihren *allgemeinen* Führungsqualitäten gewählt, weniger nach Spezialkenntnissen über die genannten Gebiete. Deshalb werden die Leiter nicht direkt für einen dieser Posten gewählt, wenn dieser geschaffen wird, sondern sie werden vom Stab ernannt. Anschließend können sich Unterausschüsse von Spezialisten unter der allgemeinen Leitung eines Stabmitglieds bilden."

In allen kooperativen Kommunen sollten die Wahlen ohne Wahlkampagne und geheim ablaufen. Bei Wahlen von Stabsmitgliedern und anderen internen Angelegenheiten sollten nur Dauerbewohner stimmberechtigt sein. Mitglieder, die keine Dauerbewohner sind, können in Einkommens- und Finanzierungsfragen zur Abstimmung hinzugezogen werden, wenn diese besonders schwerwiegend sind und deshalb der Gesamtheit der Mitglieder vorgelegt werden. — In diesem Rahmen sollten alle Mitglieder gleiches Stimmrecht haben.

Für neue Kommunen kann es nötig sein, selbst in ein so einfaches Regierungssystem wie oben beschrieben langsam hineinzuwachsen. Denn wenn sie sich zu schnell auf eine Menge Formalitäten stürzen, könnten sie den eigentlichen Grund ihres Zusammenlebens aus den Augen verlieren.

REGELN

Regeln sollten auf ein Minimum beschränkt werden. Es ist viel besser, allgemeine Gewohnheiten zu schaffen statt strenger Gesetze. „Zu viele Regeln", sagte Yogananda, „zerstören den Geist einer Einrichtung." Selbst wenn jeder eine Regel befolgt, liefert doch die bloße Tatsache des *Bestehens* einer Regel fruchtbaren Boden für Klatsch und Verdächtigungen. („Hast du gehört, daß John gestern den *Gartenschlauch geborgt* hat?" – „Oh Gott, nein!") Eine Regel engt den Verstand ein, wo schlichte Gewohnheit jedem zu harmonischem Wachstum verhelfen könnte. Es ist daher besser, sich um Einzelfälle bei ihrem Eintreten zu kümmern, wie die Umstände es erfordern, und nicht mit einer Regel die Mehrheit vor den Kopf zu stoßen, die gar nicht an einen Verstoß gedacht hat.

Einige Regeln muß es natürlich geben. Es wäre unfair, einem Neuling keine klaren Vorstellungen von der Ausrichtung der Kommune zu geben. Es ist auch schwer für die Kommune, harmonisch ihren Zielen näherzukommen ohne klare Vorstellung über diese Ziele und den besten Weg dorthin. In dieser Hinsicht muß sich eine Kommune von Menschen gleichen Ziels natürlich von dem richtungslosen Durcheinander unterscheiden, der ein Durchschnittsdorf kennzeichnet.

Die Richtschnur einer Selbstverwirklichungskooperative sollen folgende Worte sein: *Selbstverwirklichung* ist im wesentlichen ein inneres Ziel; *Kooperative* verlangt den Geist freiwilliger, nicht erzwungener Kooperation der Mitglieder. Beide Ideale – individuelle Entwicklung und freiwillige Kooperation – bedeuten eine Achtung vor den Rechten des anderen, die keinen Raum für jenen egoistischen Individualismus läßt, der keine Rücksicht nimmt auf die Freiheit anderer. Man erinnere sich auch, daß sich in einer Kommune Gleichgesinnter individuelle Entfaltung und freiwillige Kooperation gegenseitig bedingen. Das Mitglied, das sich innerlich entwickelt, hilft zugleich den anderen in ihrer Entwicklung. Auf der anderen Seite kann ein Teilnehmer, der sich nicht um Verbesserung seiner selbst bemüht, nicht mit Recht behaupten, seine Trägheit gehe niemanden außer ihn selbst etwas an. Sein Mangel an Eifer ist nachteilig für die ernsthaften Bemühungen anderer.

Verbote sollten selten sein. Eines dieser Verbote sollte sicher die Tatsache berücksichtigen, daß bisher jede Kommune, die den Drogenkonsum erlaubte, bald in eine Atmosphäre der Verantwortungslosigkeit abglitt. Dies führt schnell zur Auflösung der Kommune.

Es ist klug, auch alkoholische Getränke zu verbieten. Sie wären ein unnützes Zugeständnis unter Menschen, die besser und gesünder leben wollen.

Das Rauchen kann man unbeliebt machen ohne ein direktes Verbot. Man bittet die Mitglieder, das Rauchen in öffentlichen Räumen zu unterlassen oder überall dort, wo es andere belästigen könnte. In Ananda, wo die meisten Mitglieder Vegetarier sind, wird die Frage des Fleischessens in gleicher Weise behandelt.

Hier sind nur einige Vorschläge für grundlegende Regeln, die eine Kommune möglichst akzeptieren sollte:

1. Keine Arbeit sollte für bedeutender angesehen werden als eine andere.

2. Keiner darf durch sein Verhalten andere schädigen. (Diese Regel kann man sowohl wörtlich als auch im übertragenen Sinne interpretieren, denn ein schlechtes persönliches Beispiel kann für eine Kommune so verletzend sein wie tatsächliche körperliche Gewalt.)

3. Das Wählen muß als Gunst, nicht als Pflicht angesehen werden. Niemand sollte wählen, wenn er sich nicht ein klares Urteil in der betreffenden Angelegenheit gebildet hat.

4. Rauschdrogen oder alkoholische Getränke dürfen von keinem Kommunemitglied eingenommen werden, weder auf dem Kommunegelände noch außerhalb.

WAS IST ANANDA?

Der Leser hat schon erfahren, daß tatsächlich ein Experiment über kooperatives Leben, genannt Ananda Cooperative Village, vom Autor und einigen seiner Freunde in den Bergen von Nordkalifornien durchgeführt wird. Es basiert auf den in diesem Buch vorgestellten Ideen. Vielleicht haben Sie sich schon mehr als einmal gefragt: „Wozu all die Schwierigkeiten mit einem eigenen Anfang, wenn es schon eine gedeihende Kommune gibt, der ich mich anschließen könnte?"

Wir können uns wirklich freuen, wenn du diese Lösung findest. Doch behalte im Auge, daß Kommunen — wie Menschen — verschiedene Eigencharaktere entwickeln. Das Leben an einem Ort, dessen Charakter anders ist als der deine, kann deine Entwicklung hemmen, selbst wenn die Endziele bei dir und bei jenen anderen Bewohnern die gleichen sind. Es gibt viele Wege zur Wahrheit, und vielfältig sind die Anwendungsmöglichkeiten von allgemeinen Prinzipien, wie sie auf diesen Seiten dargestellt werden.

Ananda zeigt nur eine der möglichen Anwendungen. Nicht jeder, der dieses Buch liest und seine Ideen schätzt, wird die von mir gegründete Kommune ebenso schätzen. Ich glaube, so soll es auch sein. Die Welt wäre wirklich langweilig, wenn alle Menschen das gleiche mögen und tun würden. Die allgemeinsten Prinzipien müssen bei der tatsächlichen Anwendung etwas von ihrer Allgemeinheit verlieren, denn jede solche Anwendung kann nur ein begrenztes *Beispiel* des Prinzips selbst sein. Andere und vielleicht ganz andersartige Anwendungen können ebenso gute Beispiele sein.

Ananda ist eine yoga-orientierte Kommune. Sie widmet sich der Suche nach Gott und dem Dienst an Gott durch harte, das Selbst reinigende Arbeit. Unsere Mitglieder sind Schüler oder zumindest Anhänger von Paramahansa Yogananda und seinen nachfolgenden Gurus. Viele sind auch Mitglieder der Self-Realisation Fellowship, die Yogananda 1920 in Nordamerika gründete. Ananda ist jedoch formell weder an diese noch an irgendeine andere Organisation angeschlossen.

Als Paramahansa Yogananda in öffentlichen Vorträgen seiner letzten Lebensjahre die Hörer zum Zusammenschluß in „Weltbruderschaftskolonien" drängte, erwartete man allgemein, daß seine eigene Organisation die ersten Schritte zu einer solchen Kommune tun würde. Doch Yogananda forderte seine Hörer auf, *selbst* die Initiative zu ergreifen. Seine Organisation hatte schon mehr als genug zu tun, den spirituellen Bedarf zu decken, der durch ein weltweites und wachsendes Interesse an Yoga entstand. Und dies wird auch in Zukunft so sein. Damit eine Kommune erfolgreich ist, muß sie ohnehin für sich selbst sorgen, sie kann von außerhalb nicht wirkungsvoll beaufsichtigt werden. Ihre Probleme sind unmittelbar und können nur durch gründliche Erfahrungen gelöst werden, nicht durch Anweisungen einer größeren, aber fernen und nicht direkt beteiligten Institution.

Deshalb ist Ananda eine völlig selbständige Einrichtung.

Wir sind keine Sektierer, aber wir finden es hilfreich, wenn unsere Mitglieder in unserer häuslichen Umgebung den gleichen Weg zusammen gehen.

Und was ist dieser Weg? Einige Leitsterne sind:

Der Glaube an das letztliche Einssein aller Religionen und eine umfassende Achtung vor ihren Lehren.

Der Glaube an den Wert der Meditation und an das spirituelle Leben als höchstes Gut der menschlichen Existenz.

Achtung vor den großen Heiligen aller Religionen, die in ihrem Leben die höchsten geistigen Lehren verwirklichten.

Der Glaube, daß bloßes Glauben nicht genug ist — daß spirituelle Wahrheiten im eigenen Leben durch Meditation geübt und *erfahren* werden müssen.

Teil II dieses Buches erzählt die Geschichte unserer Anfänge. Die Tatsache, daß Ananda gegründet wurde und zumindest bisher recht erfolgreich ist, sollte anderen Hoffnung geben, wenn sie ähnliche Kommunen gründen wollen, aber die Befürchtung hegen, daß die ganze Idee sich im Zeitalter der Geschäftsfusionen und wachsenden Städte nicht praktizieren lassen würde.

Manche Menschen möchten sich lieber einem schon bestehenden Unternehmen anschließen. Andere finden es verlockender, selbst etwas zu beginnen. Falls du eine kooperative Kommune gründest, hoffe ich auf deine Kontaktaufnahme mit uns. Wir sind vielleicht selbst noch zu neu, um viel Hilfe und Rat zu bieten, aber es wäre auf jeden Fall gut für die kooperativen Kommunen, eine Art spirituelle Bruderschaft mit lockeren Verbindungen zu werden — ohne formalen Zusammenschluß können sie untereinander jenen Geist der Kooperation wirken lassen, der die Grundlage kooperativer Lebensweise ist.

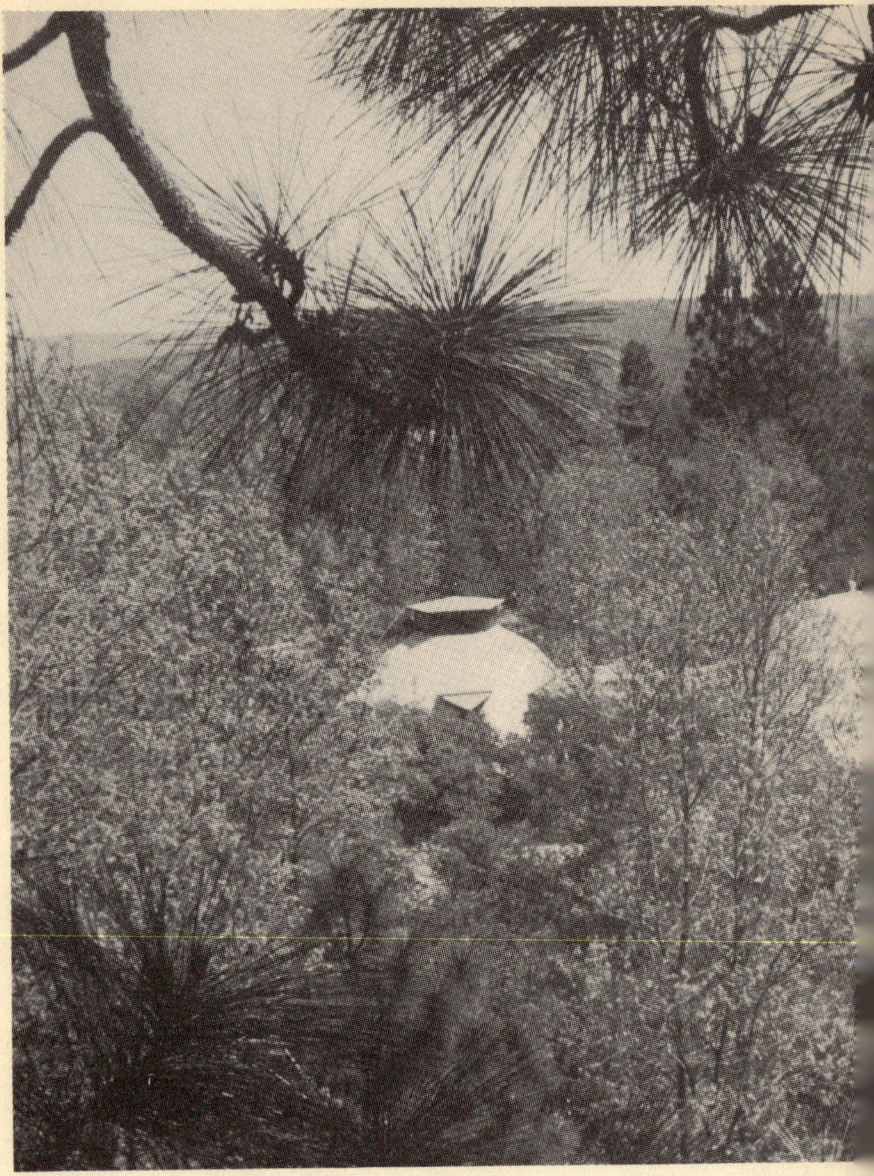

TEIL II

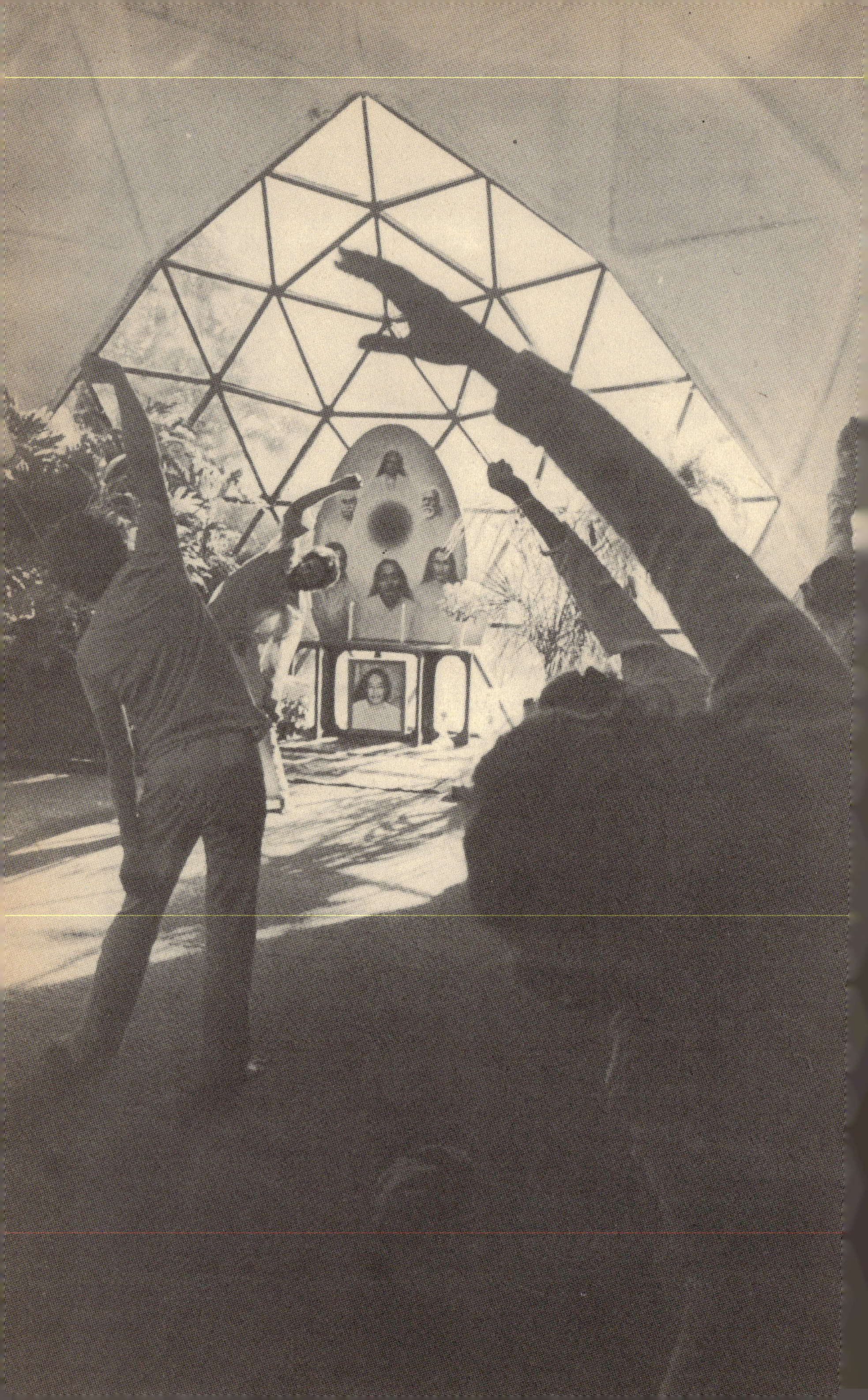

DIE ERSTEN JAHRE

Ananda Cooperative Village und Ananda Meditation Retreat sind das Ergebnis jahrelanger intensiver Arbeit, der Zusammenarbeit vieler Freunde, des Glaubens und einer fortlaufenden Reihe von Wundern.

Es begann in Wirklichkeit vor viel mehr als neun Jahren mit dem Lernen und Träumen, das ich in der Einleitung des Buches beschrieb. Der aktivere Teil jedoch begann 1962. Paradoxerweise begann es mit der Suche nach einer Möglichkeit des persönlichen Zurückziehens und Alleinseins.

Die religiöse Organisation, der ich 14 Jahre lang angehört hatte und deren Vizepräsident ich damals war, entließ mich ganz plötzlich am 28. Juli 1962. Mein Glaube an weitgehende Dezentralisierung als wesentlichen Faktor der Ausbreitung hatte mich in den Verdacht gebracht, ein Abtrünniger zu sein.

Es war so, daß mir neue Türen offenstanden, doch zu dieser Zeit vermochte ich nur zu sehen, daß alle mir vertrauten Türen verschlossen waren. Meine einzige Sehnsucht war es nun, einen Ort der Stille und Einsamkeit zu finden und intensiv um neue Anweisungen zu beten.

Wie jeder weiß, braucht man Geld zum Leben auf dieser Welt. Mir wurde ein Posten als Yogalehrer an der Amerikanischen Akademie für Asienkunde in San Francisco angeboten, und ich konnte es mir nicht leisten, abzusagen. Später unterrichtete ich bei der Vereinigung für kulturelle Zusammenarbeit, ebenfalls in San Francisco. Allmählich zwangen mich die Kosten des Großstadtlebens, auf eigene Faust auch andere Gruppen zu unterrichten. Und so mußte meine unvergessene

Sehnsucht nach Zurückgezogenheit geduldig auf die ihr bestimmte Stunde warten.

Inzwischen wuchs die Anzahl meiner neuen Freunde stetig.

In den Jahren 1962 bis 1967 suchte ich wiederholt nach einem Zufluchtsort: an der Küste von Nordkalifornien, in der Sierra Nevada, in Arizona. Ich unternahm sogar eine vergebliche Reise nach Arkansas und besichtigte Land an der Küste von Mexiko. Ich hatte wenig Geld und wollte nicht als Gast auf dem Grundstück eines anderen leben. Doch ich glaubte, daß die notwendigen Mittel auch gefunden würden, wenn sich der Ort fand.

Je länger ich wartete, desto mehr Freunde erwarb ich jedoch durch meine Vorträge und Yogakurse. Der Gedanke, einen spirituellen Rückzugsort für mich allein zu suchen, geriet immer mehr in Konflikt mit meinem Wunsch, den auf mich Angewiesenen geistig zu dienen. Und so schlich sich wie durch eine Hintertür der Gedanke wieder ein, eine kooperative Kommune zu gründen. Während eine Hälfte meines Verstandes nach einem Ort privater Zurückgezogenheit suchte, beschäftigte sich die andere Hälfte immer mehr mit einem Ort, wo auch andere ein spirituelles Leben zusammen verbringen konnten.

Alle Strömungen in meinem Leben, besonders die seit Juli 1962, haben auf die eine oder andere Weise die Entstehung und Entwicklung von Ananda Cooperative Village beeinflußt und zu seinem besonderen Charakter beigetragen. Wenn ich jetzt zurückblicke, sehe ich eine innere Ordnung in dem offensichtlichen Widerspruch zwischen dem Wunsch nach einem Platz zum Zurückziehen und dem gleichzeitigen Wunsch nach einem Ort, wo ich eine Kommune gründen konnte. Ich glaube, wir werden oft gleichsam unbewußt in die Richtung geführt, die wir gehen sollen. Selbst meine plötzliche und damals für mich tragische Trennung von der Organisation, der ich mein Leben gewidmet hatte, erwies sich am Ende in vieler Hinsicht als segensreich. Zumindest kann ich sagen, daß ohne jenes Ereignis dieses Buch nie geschrieben worden wäre, und Ananda wäre nur ein Traum geblieben.

LAND IN SICHT!

Es war im Januar 1967. Ich hatte das gewünschte Land noch nicht gefunden, doch die Mittel dafür fingen auf einmal an, Wirklichkeit zu werden. Das Friedenskorps hatte mir für ein Semester einen gutbezahlten Job an der Universität von Kalifornien in Davis angeboten. (Ich sollte einer Gruppe von Freiwilligen alles über indische Kultur und Zivilisation sagen, aber ich begann bei der indischen Philosophie, und das erwies sich als zuviel für sie. Sie sagten, sie wollten von *Indien* hören, nicht von indischer Philosophie. So holte ich Referenten herein, die ihnen von Fünfjahresplänen und — auf ihren ausdrücklichen Wunsch — von der Negerfrage in Amerika berichteten.) Außerdem hatte ich angefangen, Gebühren für meine Yogakurse zu nehmen. Ich tat es zuerst widerwillig, denn ich sehe mein Lehren als eine Art Dienst an. Ich hatte daher die Leute einfach soviel geben lassen, wie sie konnten oder wollten. Doch ich fand heraus, daß viele Schüler durch Gebührenfreiheit zu Nachlässigkeit in ihrer Teilnahme und ihrem eigenen Üben verleitet werden. Schließlich war ich bereit, Gebühren festzusetzen. Zugleich beschloß ich aber, nie einen ernstlich interessiert erscheinenden Schüler wegen Zahlungsunfähigkeit auszuschließen. Der Plan gelang: Die Ernsthaftigkeit meiner Schüler nahm merkbar zu, mein Einkommen stieg ebenfalls plötzlich. Ich hatte das Gefühl, ich würde dieses Extrageld bald brauchen.

Das war richtig. Bis dahin war ich zufrieden gewesen, von der Hand in den Mund zu leben und jeden Monat genug zu verdienen für meine Wohnungsmiete. Doch bald kam die Zeit, wo ich den ersten konkreten

Schritt unternehmen sollte zur Entwicklung dessen, was später als Ananda bekannt wurde.

Das Einkommen aus dem Friedenskorpsjob machte mir die Veröffentlichung meiner ersten Bücher möglich: *Yours – the Universe!*, *Yoga Postures for Self-Awareness* und *The Book of Bhrigu* (ein Bericht über ein altindisches Prophetenbuch). Mit diesen Publikationen begann ich den Handel und hoffte, daß die kooperative Kommune damit unterstützt werden konnte, wenn ich sie gegründet hatte.

Jeannie Cambell, die Empfangsdame und Chefsekretärin der Druckerei, in der zwei meiner Bücher gedruckt wurden, war eine überzeugte Zenbuddhistin. Wir hatten viele lebhafte Diskussionen über die Unterschiede zwischen Zen und Yoga. Sie informierte mich auch laufend über die Entwicklung von Tassajara, einem zenbuddhistischen Retreat, das in den Bergen bei Carmel in Californien gebaut wurde. Sie fühlte sich stark mit diesem Ort verbunden.

Während einer dieser Unterhaltungen erzählte ich ihr von meinem Wunsch, Land für ein eigenes Retreat zu finden.

„Sagen Sie", rief sie, „warum wenden Sie sich nicht an Dick Baker? Er ist Präsident des Zen-Zentrums hier in San Francisco, und er kümmert sich um den Bau von Tassajara. Wenn jemand von verfügbarem Land weiß, dann er."

Gehorsam notierte ich seinen Namen, doch ich kam nie dazu, ihn anzurufen. Ich hatte viel Erfahrung mit „Führungen", die zu nichts führten, und diese hier schien mir nur eine weitere Unwahrscheinlichkeit zu sein.

Eine oder zwei Wochen später jedoch stand ich in einem kleinen Geschäft in San Francisco und mußte warten, während ein anderer Kunde bedient wurde. Dieser Mann sprach von einem Stück Land, das er und einige Freunde vielleicht kaufen würden für ein Retreat. Diesem Anknüpfungspunkt konnte ich nicht widerstehen. Ich erwähnte, daß ich selbst etwas Ähnliches suchte. Während des noch unverbindlichen Gesprächs zog er eine Karte des erwähnten Grundstücks hervor und breitete sie auf dem Tisch aus, wobei er hinzufügte, daß er noch einige Leute brauche, die sich mit ihm in den Kauf teilten.

Hätte es wie ein gewöhnlicher Grundstückhandel ausgesehen, wäre ich nicht so neugierig geworden. Aber er wollte das Land für ein spirituelles Retreat. Das war sehr bemerkenswert. Auch als Person fand ich ihn interessant. „Wie heißen Sie?" fragte ich.

„Dick Baker."

Genau der Mensch, den zu treffen Jeannie mich gedrängt hatte! Dick erklärte mir später: als dazu aufgerufen wurde, Geld für den Kauf von Tassajara aufzubringen, war die nötige Summe so hoch, daß einige Freunde und Sympathisanten Gegenvorschläge machten. Diese Leute teilten im wesentlichen folgendes mit: „Falls Sie sehen, daß Sie nicht soviel Geld aufbringen können, habe ich etwas Land, das ich wegen des geistigen Zwecks sehr billig verkaufen würde."

Da er einmal die möglichen Alternativen zu Tassajara herausfinden wollte und zum anderen auch für sich selbst und seine Familie einen Zufluchtsort suchte, hatte Dick Baker alle vorgeschlagenen Grundstücke angesehen. Den Vorzug gab er einem 70 ha großen Gebiet am Fuß der Sierra Nevada bei Nevada City in Californien. Es kostete nur 1000 DM pro 40 a — billig für Californien, in der Tat nur die Hälfte des selbst in dieser entlegenen Gegend üblichen Preises. Doch es war mehr Geld, als Dick persönlich aufbringen konnte. Deshalb beschloß er zu versuchen, sechs seiner Freunde dafür zu gewinnen, daß sie das Land mit ihm kauften. Jeder von ihnen sollte 9 1/2 ha erhalten. Irgendwie schien mir die Idee — und auch Dick Baker selbst — in Ordnung zu sein. Ich fragte ihn, ob ich ihn bei seiner nächsten Fahrt dorthin begleiten dürfte. Er sagte, er würde im zeitigen Frühjahr fahren, und er freue sich auf mein Kommen.

Wir fuhren mit zwei Freunden von ihm, Allen Ginsberg und Gary Snyder; beide waren bekannte Dichter und am Kauf von 9 1/2 ha großen Parzellen interessiert. Auch eine Schriftstellerin begleitete uns, die gerade an einem Artikel über Allen für *The New Yorker* schrieb.

Unsere Fahrt führte uns weit hinaus aufs Land. Die letzten drei Meilen waren schmutzig, tief ausgefahren und kaum passierbar nach dem Winterregen. Die Höhe betrug 900 m. Die Luft war frisch. Das Gelände war hügelig, bewaldet und ruhig, und es gab ein paar schöne Ausblicke auf ferne Berge mit verschneiten Gipfeln. Ich ging in eine Richtung davon, Gary in eine andere. Wir „beschnupperten" das Land.

Mich überkam der starke Eindruck, daß meine Gurus schon ihren Segen gegeben hatten zu diesem speziellen Teil, der mich anzog. Er hatte eine östliche Atmosphäre und war für mich als Yogi besonders attraktiv. Ob die anderen ihn auch haben wollten? Falls die Interessen aufeinander prallten, würde ich als Neuling in der Gruppe erst als letzter wählen dürfen, das wußte ich.

Doch erstaunlicherweise fühlte sich jeder von uns zu einem anderen Grundstücksteil hingezogen. Ich konnte nicht anders, ich hatte das Gefühl, daß Gott mich all die Jahre auf diesen Platz hatte warten lassen. Nun war meine Suche beendet.

Aber ich wußte kaum, was für Probleme noch kommen sollten!

MEIN ERSTES „NICHT-HAUS"

Irgendwie habe ich mein Leben immer auf zwei Ebenen gelebt: auf der bewußten Ebene nähere ich mich den Dingen entsprechend meinen eigenen persönlichen Neigungen; auf einer anderen Ebene, schwächer wahrnehmbar, weiß ich anscheinend, wie die Dinge werden müssen, ob ich sie so will oder nicht. Das Erlebnis meiner Entlassung im Jahr 1962 war ein heftiger Schock für die eine Ebene; auf der anderen aber wurde es schon lange erwartet, obwohl keine Warnung geäußert worden war.

Ein Beispiel für dieses seltsame zweifache Bewußtsein betrifft einen anderen Fall, wo eine Ebene gegen die andere ankämpfte. In den letzten Monaten des Jahres 1963 hielt ich mich auf einer Ranch in Arizona auf. Zu dieser Zeit hoffte ich, vom Schreiben leben zu können, und wollte möglichst jede öffentliche Aktivität vermeiden.

Im November erhielt ich ein Schreiben von Dr. Haridas Chaudhuri, dem Gründungsdirektor der Vereinigung für kulturelle Zusammenarbeit in San Francisco. Er lud mich ein, in jenem Winter einige Kurse in seinem Ashram zu geben. Ich schrieb zurück und erklärte ihm mein ängstliches Bestreben, der Öffentlichkeit fernzubleiben. Doch wußte ich mit verblüffender innerer Sicherheit, daß ich den Winter über nicht nur in seinem Ashram unterrichten, sondern auch dort leben würde.

Ich fuhr zurück in die Gegend von San Francisco Bay, um an Weihnachten bei meinen Eltern zu sein. Kurz danach war ich zu einem ruhigen Samstagabendessen eingeladen, bei dem auch Dr. Chaudhuri und seine Frau zu Gast waren. Meine Abfahrt nach Arizona war auf den vierten Tag danach festgelegt. Doch meine innere Gewißheit einer ungeplanten Veränderung hatte mich vom bloßen Gedanken ans Packen abgehalten. Am Ende des Abends wünschten die Chaudhuris mir eine gute Reise. Irgend etwas an unserem Abschied war unwirklich.

Am nächsten Morgen brach Dr. Chaudhuri mitten in seiner Sonntagspredigt mit einem Herzanfall zusammen und wurde in kritischem Zustand ins Krankenhaus gefahren. Er hatte niemanden, der seinen Platz im Ashram einnehmen konnte. Als sein Freund wußte ich, daß ich keine andere Wahl hatte. Ich mußte meine Dienste anbieten für die langen Monate bis zu seiner Wiederherstellung.

In ähnlicher Weise wußte ich gleich beim Kauf des Landes für mein Retreat, daß mir nicht gestattet würde, mich daran zu erfreuen, ehe ich nicht auch eine Gemeinschaft gegründet hatte. Ich wollte das Retreat ohnehin mit einigen anderen teilen, mit zeitweiligen Gästen oder mit bleibenden Eremiten. Doch die Kommune, zu deren Gründung ich meinem Gefühl nach geführt wurde, war ein geschäftiger Ort für Familien mit Kindern, Selbstversorgungswerkstätten — kurz, ein Ort, wie ich ihn im ersten Teil des Buches beschrieb.

Was wurde aus meinem langersehnten Rückzug in die Einsamkeit? Ich beschloß, daß die Kommune warten müßte. Das Retreat für andere sollte warten. Zuerst würde ich meinen eigenen Platz haben. Alles andere könnte sich, wenn es so bestimmt war, aus diesem ersten Schritt entwickeln. Ich hätte auf jene sanfte innere Stimme hören sollen. Sie sagte mir von Anfang an, daß ich falsch entschieden hatte, und daß ich an mich selbst zuletzt — nicht zuerst — denken müsse, damit sich alles richtig entwickelt.

„Aber alles, was ich will", sagte ich mir, „ist ein Ort, um Gott zu suchen. Was ist daran selbstsüchtig?" Wenn ich eine Antwort abgewartet hätte, wäre der Rest jenes Jahres wohl gemütlicher für mich geworden.

Als Form für mein Zuhause hatte ich mir, falls möglich, eine Kuppel gewählt. Diese Idee kam mir erstmals 1961 in Indien. Dort hatte ich geplant, einen Tempel zu bauen, und in meinen Meditationen hatte ich den Eindruck gewonnen, daß diese Form am leichtesten zu innerer Ruhe und Bewußtseinserweiterung führt. Ich sah vor meinem inneren Auge eine Halbkugel, die an allen Seiten in Augenhöhe begann — mehr oder weniger wie das Innere eines Planetariums. Eine ebene Decke, so schien mir, hatte die seelische oder sogar körperliche Wirkung, auf den Kopf zu drücken. Ein Deckengewölbe schien das Streben zu fördern, doch mehr zu äußerem Gottesdienst als zu innerem. Die hohen Kuppeln, die man in manchen Tempeln rund um die Welt findet, lassen einen himmlischen Zustand fern aller gegenwärtigen menschlichen Erwartungen ahnen. Für Meditation und für den inneren Frieden, den sie der Seele selbst im jetzigen Leben bringt, schien jene Art Kuppel ideal, die ich vor mir gesehen hatte. Sie harmonisierte mit der Natur selbst, mit der runden ‚umgestülpten Schale' des Himmels. Auch der menschliche Kopf ist eine Kuppel; vielleicht werden die Energiestrahlen des Gehirns am harmonischsten von der inneren Oberfläche eines ähnlichen Gebildes zurückgeworfen. Nach der Rückkehr von Indien besuchte ich ein Planetarium, und mit Interesse stellte ich fest, daß ein klarer Eindruck von Frieden vom Inneren dieses Gebäudes ausging, obwohl um mich herum Kinder wimmelten und kicherten, neue Leute eintraten, und die Lichter noch eingeschaltet waren.

Wie gesagt, ich wollte eine vollkommene Kuppel bauen. Doch Nachforschungen bewiesen mir, daß die Kosten zu hoch waren. Eines Tages erzählte mir Karen Leffler, eine Schülerin eines meiner Kurse, von einem Konzept, das mir neu war: die geodätische Kuppel, eine Erfindung von Buckminster Fuller. Für mich war es ein Kompromiß. Die geraden Linien und ebenen Flächen dieser Kuppel ergeben ein Wunder der Technik, aber im Ästhetischen widersprechen sie der Rundheit einer echten Halbkugel. Trotzdem war es das Bestmögliche, dem ich bis dahin begegnet war. Ich beschloß, in die Fußstapfen von Buckminster Fuller zu treten.

Es war leichter beschlossen als getan. Anscheinend wußte niemand die mathematische Formel. Ich fand eine Gesellschaft, die Kuppeln baute, doch die Leute waren Werkzeugkonstrukteure und keine Künstler. Ihre gedrungenen Gebilde erinnerten mich an Fliegenpilze aus einem Buch mit Kinderreimen. Das, so sagte ich mir, war zuviel an Kompromissen.

Schließlich zeigte mir Charles Tart, ein Dozent der U.C. Davis, eine geodätische Kuppel, die er in seinem Hinterhof baute. Sie wurde Sonnenkuppel genannt. Preiswert, schön in ihrer Einfachheit und leicht zu bauen für einen Laien wie mich, bot sie mir den ersten wirklichen Hoffnungsschimmer. Ich klammerte mich daran so eifrig (und töricht) wie ein Ertrinkender an einen Strohhalm.

Die Kuppel mochte leicht zu bauen sein, doch der Bau der Untergrundplattform, das genaue Zuschneiden der Stäbe im richtigen Winkel, das Zusammenfügen zu Dreiecken und das Abdecken mit Plastik erforderte Monate unermüdlicher Arbeit. Nach all den Wartejahren war ich entschlossen, mein Retreat möglichst noch in diesem Jahr zu bauen.

Nein, Kriyananda, es sollte nicht sein. Die Kuppel hatte ich aufgebaut. Gerade sollte das letzte Dreieck hinein. Daraufhin würde die Kuppel stabil sein, nahm ich an. Bis zur völligen Fertigstellung war die Stabilität fragwürdig.

Plötzlich kam ein starker Windstoß vom Tal; das ganze Gebilde fiel zu Boden, ein Haufen Streichhölzer und Plastik.

Ich wollte nicht aufgeben. Sofort ersetzte ich die zerbrochenen Stücke, setzte alle Dreiecke zusammen und verband sie sorgfältiger als das erste Mal. Nach Wochen war das neue Gebilde fertig. Es war zugegebenermaßen schöner als alles, was wir seither bauten. Seine zarten Stäbe waren eine Augenweide. Aber Keats hatte unrecht: Schönheit ist nicht immer Wahrheit. Die Sonnenkuppel erwies sich als Verführung und Enttäuschung.

Ich merkte nicht, daß die Planer sie für ein behagliches Plätzchen in einem eingezäunten Hinterhof entworfen hatten, so wie bei Charles Tart, gut geschützt vor starken Winden und am besten sogar vor sanften Luftzügen. Oben auf den Hügeln von Ananda können die späten Herbstwinde 100 oder 110 km pro Stunde erreichen. Im ersten Sturm hat mein schönes Kuppelhaus sich einfach aufgelöst. Ich ging fort von ihm ohne einen Blick zurück.

Doch nach einigen Tagen nahm ich meinen Mut zusammen und versuchte es noch einmal. Nachdem ich viele neue Stücke beschnitten und zusammengefügt hatte, schraubte ich sie mit großen Metallscheiben fest zusammen. Diesmal konnte sicher kein Wind sie voneinander losreißen.

Der Wind hatte dies nicht nötig. Ach, ich wußte nichts von seiner Kraft, eine Halbkugel zu heben — ähnlich dem Auftrieb, den er auf das Oberteil eines Flugzeugflügels ausübt. Bald nachdem ich meine

Kuppel zum dritten Mal aufgebaut hatte, kehrte ich nach Ananda zurück. Ich wollte so gern vor Einbruch des Winters ein wenig von der einsamen Meditation haben, die ich so lange geplant hatte.

Ich kam und fand Teile der Kuppel kunstvoll über die umgebenden Büsche verteilt. Das Schlimmste war: da die Stücke diesmal so fest zusammengeschraubt gewesen waren, war fast jedes Stück in sich zerbrochen. Ich konnte nichts tun, als mich geschlagen zu geben und es mit Ruhe aufzunehmen. Ich setzte mich auf die offene Plattform und hatte eine freudvolle Meditation, was vielleicht überraschend ist.

Doch für mich war es ein Zeichen, daß ich nie mein eigenes Heim haben würde, ehe ich nicht einen Tempel und vielleicht sogar eine Kommune zum Wohle anderer aufgebaut hatte.

Zur folgenden Abbildung: Eine Gemeinschaft, die ihre Hauptaufgabe im Dienst am anderen Menschen sieht, befreit sich von engen, eigenbrötlerischen Haltungen. Unser wichtigster Dienst in Ananda ist spiritueller Art. Hunderte von Besuchern kommen zur jährlichen ,,Woche der spirituellen Erneuerung" in das Retreat und belegen Kurse mit Swami Kriyananda.

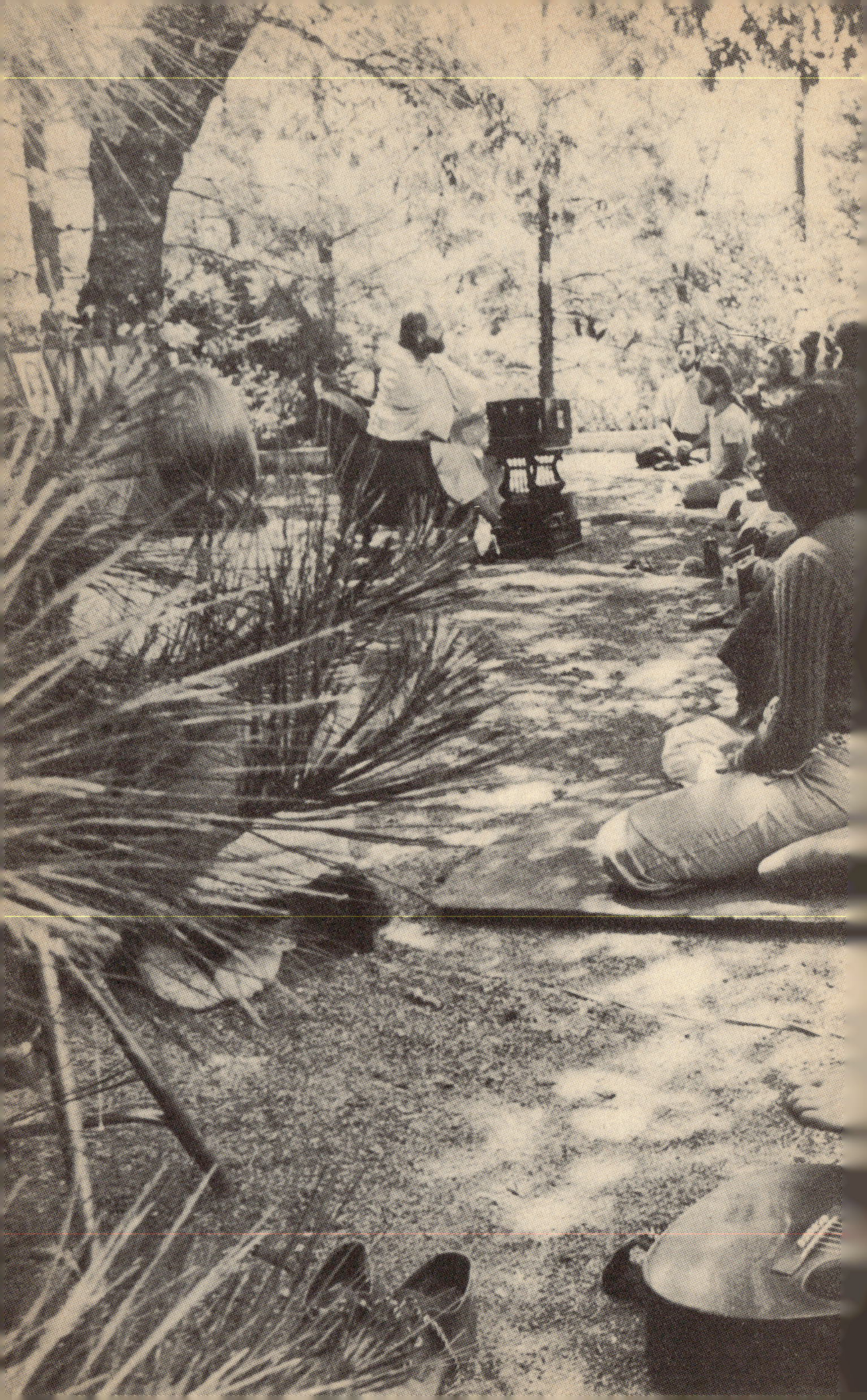

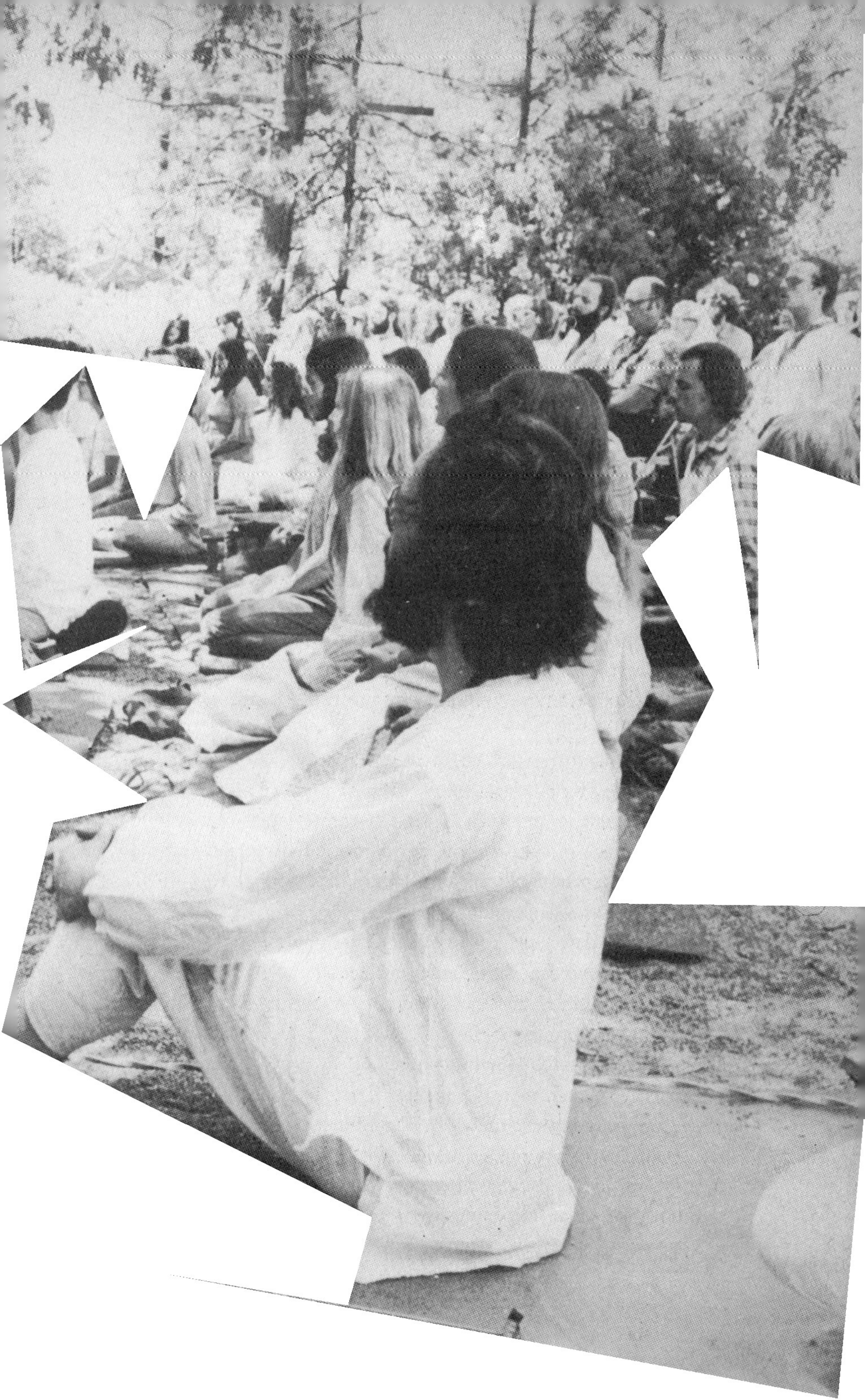

ANANDA MEDITATION RETREAT

Mein künftiges Heim war zum dritten Mal umgeblasen worden. Ich fand mich fast ohne Geldmittel. Mir blieb nichts anderes übrig, als wieder Kurse abzuhalten. Dies tat ich intensiv, indem ich jeden Abend in eine andere Stadt fuhr, nunmehr entschlossen, das nötige Geld aufzubringen, um ein Retreat für andere ebenso wie für mich aufzubauen. Und ich beschloß, möglichst auch die ersten Schritte hin zu der beabsichtigten kooperativen Kommune zu machen, solange ich noch soviel Energie aufbrachte.

Vielen Menschen erschien es als ein absurder Widerspruch, gleichzeitig vom Beginn einer Kommune und von einer langen Zeit der Zurückgezogenheit zu träumen. Aber ich wußte jetzt: es war nicht so sehr eine Frage *meines* Willens, sondern eine Frage des Willens von Gott. Und irgendwie gab mir eine innere Intuition die Gewißheit, daß die zwei Dinge möglich seien.

Denn die Idee, eine kooperative Kommune zu *verwalten*, lag mir völlig fern. Wenn ich als Gründer auch noch die Aufgabe übernahm, ihre Angelegenheiten zu regeln und persönlich für ihren Erfolg zu garantieren — dann, so wußte ich, mußte ich die nächsten 25 Jahre meines Lebens abschreiben allein für dieses Projekt. Meine Aufgabe, das fühlte ich, war eher, mit meiner Kraft und den Erfahrungen, die ich aufweisen konnte, *anderen* bei der Bildung einer Kommune zu helfen. Danach mochte ich dort vielleicht als spiritueller Leiter dienen, falls die Mitglieder es wünschten, aber nicht als geschäftlicher Organisator. Wenn ich an dieser einzigen Rolle als spiritueller Berater festhielt, dann würde mir ein größtenteils zurückgezogenes Leben wirklich bei dieser Arbeit helfen, so schien mir.

Noch ein anderer Faktor beeinflußte meine Entscheidung, lieber jetzt als später mit der Entwicklung der Kommune zu beginnen. Es war das deutliche Gefühl, daß nicht mehr viel Zeit übrigbliebe für einen Beginn. Wenn eine große Anzahl von Menschen über die Ahnung einer drohenden Katastrophe spricht, muß man einfach das Gefühl bekommen, daß etwas Ernstes in der Luft liegen könnte. Ich dachte auch an meine eigenen gleichartigen Gefühle in diesen Angelegenheiten und besonders an die vielen schrecklichen Warnungen meines Gurus.

Eine geschäftige Kommune mit Familien, Selbstversorgungswerkstätten und schreienden Babies hätte die meditative Ruhe des Retreats zerstört. Dies hätte nicht nur meinen persönlichen Hoffnungen widersprochen, sondern auch der Bedingung, unter der mich Dick Baker freundlicherweise am Grundstückskauf beteiligt hatte. Jedoch wollte keiner der anderen dort vor Ablauf von zwei Jahren bauen. Ich sah auch keine Möglichkeit, wie ich in meiner damaligen Rolle als Geldverdiener in einer kürzeren Zeit auf ein zurückgezogenes Leben hoffen konnte. Ein starkes Gefühl, daß die Kommune zum Werden bestimmt war, gab mir das Vertrauen, daß sie bald stark genug sein würde zum Umzug auf eigenes Land, wenn wir sie beim Retreat gründeten.

Noch etwas beeinflußte meine Denkrichtung: Zwei 9,5 ha große Parzellen neben der meinen waren noch nicht verkauft. Es war schon Ende Januar 1968, und laut Vereinbarung mit den Verkäufern würde der ganze Kauf ins Wasser fallen, wenn nicht alle sieben Landstücke bis 1. April verkauft waren. Dick glaubte zuversichtlich, daß er die fehlenden Käufer finden würde, aber in den bisherigen zehn von dreizehn Monaten hatten dort nur wir, die ursprünglichen vier Leute, Land gekauft. Ich war nicht so sicher, ob drei weitere Leute in den letzten zwei Monaten kommen und die Situation retten würden.

Ich rief Dick an und sagte ihm, daß ich die zwei Parzellen neben meiner vielleicht kaufen könnte. „Aber bitte verstehen Sie", sagte ich, „daß ich dieses Land nicht nur für mein eigenes Retreat kaufen würde. Für dieses sind 9,5 ha genug." Ich fuhr fort, meine Kommuneidee zu erklären und versicherte ihm, daß das zusätzliche Land nur kurzzeitig für diesen Zweck genutzt würde. Es war viel von ihm verlangt zu glauben, daß ich wirklich in der Lage sein würde, die Kommune in zwei oder drei Jahren zum Umzug zu bewegen. (Ich glaube, wir setzten die Höchstgrenze bei fünf Jahren an.) Doch er muß etwas von meiner Zuversicht übernommen haben, denn er stimmte zu.

Jahrelang hatte eine alte Freundin, Oleta Burger, mir Geld angeboten, um bei der Gründung einer Kommune zu helfen. Mehrmals hatte ich sie abgewimmelt, um die Ernsthaftigkeit ihres Angebots auf die Probe zu stellen. Ich sagte ihr nun, daß ich den Zeitpunkt für richtig hielt, und fragte sie, ob sie noch interessiert sei. Sie war es. So wurden die zwei zusätzlichen Parzellen beim Retreat erworben, was unser Land auf insgesamt 29,5 ha vergrößerte.

Kurz darauf berief ich die erste Versammlung ein zur Diskussion von Plänen für die Bildung einer kooperativen Kommune. Ich hatte geplant, beim ersten Treffen nur einige nahe Freunde und Mitarbeiter zu sehen. Doch andere erschienen uneingeladen. Ich kannte sie kaum, aber sie behaupteten, an dem Projekt interessiert zu sein. Ihre Anwesenheit erwies sich als eine zweifelhafte Freude.

Einer fragte: ,,Woher wissen wir, daß Sie es ehrlich meinen?''

,,Wenn Sie etwas in dieser Größe gründen, dann vergessen Sie schnell Ihr Ideal, den Menschen zu dienen.''

,,Ich kenne einen Lehrer aus Indien, der wurde in den Aufbau einer ähnlichen Sache hineingezogen. Es verbrauchte soviel von seiner Energie, daß er seinen inneren Frieden verlor, und heute ist er ein MONSTER!''

,,Denkt mal alle nach. Wenn Kriyananda uns wirklich als Partner bei dieser Sache haben will, *warum hat er diese Versammlung nicht früher einberufen?*''

Das einzige, was ich in diesem Augenblick tun konnte, war das Anbieten von Tee und Plätzchen.

Doch das Treffen war kein völliger Reinfall. Ich erkannte, daß ich durch bloßes Reden den Leuten niemals ein klares Bild meiner Pläne geben konnte. Ich setzte mich hin mit den gesammelten Notizen und Überlegungen vieler Jahre und schrieb dieses Buch. Es wurde in Form loser Blätter veröffentlicht und an alle verteilt, die Interesse an der Idee zeigten. Dann beschloß ich, jedem Zeit zum Nachdenken zu geben, ehe ich das Thema wieder anschnitt.

Meine eigene Begeisterung hatte mich zu der Erwartung einer schnellen, zustimmenden Reaktion von jedem, dem ich meine Ideen beschrieb, verführt. Ich hatte die vielen Jahre übersehen, die ich selbst gebraucht hatte, um in diese Ideen hineinzuwachsen.

Viele möglicherweise Interessierte, so stellte ich fest, brauchten nicht nur genug Zeit zum Überdenken dieser Ideen, sondern auch die Sicherheit, etwas bereits Aufgebautes zu sehen. Es ist eine der Merkwürdigkeiten des menschlichen Lebens, daß für den Beginn der meisten Unternehmungen Menschen die erste Notwendigkeit sind, aber die meisten Menschen erst dann mitmachen, wenn die Sache schon Erfolge zeigt.

Keiner, so entschied ich, konnte mir dunkle Motive vorwerfen, wenn ich ein Meditationsretreat baute. Über ein solches Projekt brauchte man nicht viel zu theoretisieren, und es würde aktive Teilnehmer anziehen. Langsam würde aus dieser Gruppenarbeit die Saat aufgehen, aus der mit der Zeit die kooperative Kommune heranwuchs.

Ich hatte den Schluß gezogen — auf eine Weise, die der taktvolle Leser lieber vergessen wird —, daß ich nicht zum Zimmermann geschaffen war. Das Schlimmste war, daß es unter meinen Freunden auch keinen Zimmermann gab. Doch diesmal verdiente ich recht gut durch die Kurse. Etwas Geld kam auch durch großzügige Freunde herein. Dieses Einkommen ergab zusammen mit einigen Aktien, die mein Vater mir im Laufe der Jahre gegeben hatte, etwa 60 000 DM — genug für mich, um an die Einstellung von Fachleuten zu denken.

Ich wollte noch immer diese geodätischen Kuppeln. Die einzige Gesellschaft, die so etwas herstellte, war nach wie vor die mit den Fertigbauten, die vage an Fliegenpilze erinnerten. Ich fügte mich ins Unabänderliche. Wenigstens waren sie etwas, das ich bezahlen konnte.

Ich fand einen Zimmermann, der versicherte, er könne unsere Gebäude in zwei Wochen aufstellen. „Also los", sagte ich zu ihm. Hätte ich seine Bauerfahrung gehabt — ich zweifele, ob ich seine Zuversicht geteilt hätte.

Als erstes wollte der Zimmermann, jetzt Vorarbeiter, zwei gelernte Helfer. Außerdem arbeiteten einige meiner Freunde mit ihm zu stark herabgesetzten Löhnen. Ich hoffe, sie waren froh über die Gelegenheit, einen Sommer draußen in den Wäldern zu verbringen. So kletterten die Löhne auf 3800 DM pro Woche. Doch die schlimmste Nachricht kam erst noch. Nach zwei Wochen, etwa Mitte Juli 1968, waren noch nicht einmal die Fundamente fertig. Insgesamt sollte das Projekt in zweieinhalb Monaten stehen. Lange Zeit vorher ging mir das Geld aus. Kein Problem, sagte ich mir. Die Bank würde mir sicher das Nötige leihen.

Sie dachten nicht daran. Ihr Argument war etwa folgendes: Ich verdiente also Geld durch Yogakurse; nun, vielleicht waren einige Leute verrückt genug, diese absurde „Wissenschaft" zu studieren, aber man kann die Leute schließlich nicht immer verulken. Die Yogamode würde vorübergehen, und wenn man überhaupt Vertrauen in die menschliche Natur haben durfte, dann würde diese Verrücktheit sicher nicht länger als ein Jahr dauern.

Für mich war diese Ablehnung ein harter Schlag. Wir hatten einen Tempel, eine Gemeinschaftskuppel (Küche, Eßzimmer und Wohnzimmer), das Badehaus, das Büro und meine Klause im Bau, und sie mußten unbedingt fertig werden, ehe die Winterstürme sie zerstörten. Als nächstes erfuhr ich, daß der Vorarbeiter und einer seiner gelernten Arbeiter weggelaufen waren. Der dritte Zimmermann blieb treu, doch wir hatten Rechnungen über einige tausend Mark ausstehen. Die bloße Fertigstellung der Bauten sollte mich mindestens weitere 45 000 DM kosten. Gerade nahm ich allen Mut zusammen und versuchte, diese Summe aufzubringen, da beanspruchte die ortsansässige Bauholzfabrik das Pfandrecht für das Grundstück. (So lernte ich, was Pfandrecht ist! Die Klosterjahre hatten mich auf gewisse Dinge nicht vorbereitet.)

Ich überredete meine verschiedenen Gläubiger, monatliche Zahlungen anzunehmen. Meine pünktlichen Zahlungen in der Vergangenheit waren nun mein Vorteil. Trotzdem war der kleinste Betrag, den zu akzeptieren ich sie überreden konnte, 10 000 DM monatlich, und zwar fünf Monate lang. Neben dieser Summe hatte ich all meine anderen normalen Ausgaben: Wohnung, Auto, Bücher und Korrespondenz, Kurse, Nahrung usw. Meine Klosterjahre hatten mich auch darauf nicht vorbereitet.

Oder hatten sie es doch getan? Offensichtlich kann das Bemühen allein mich nicht über diese Hürde getragen haben. Das einzige, was in Zeiten wirklicher Krisen zu wirken scheint, ist Gottvertrauen. Ich stürzte mich hinein, tat mein Bestes und überließ das Ergebnis ganz Seinen Händen.

Mehr Schüler denn je meldeten sich für die Kurse. Freunde halfen großzügig, sogar edelmütig. Jeden Monat wurden meine Verpflichtungen in Höhe von 10 000 DM bezahlt und auch meine übrigen Kosten gedeckt. Manchmal blieb sehr wenig übrig. Obwohl ich die Holzfirma regelmäßig gemäß unserer Vereinbarung bezahlt hatte, versuchte sie einmal, die Pfändung für fällig zu erklären. Wunderbarerweise war mein Einkommen in jenem Monat höher als sonst; ich bezahlte die ganze Schuld auf einmal. Nachdem ich meine übrigen Rechnungen bezahlt hatte, blieben mir 5,21 DM auf dem Konto!

Am Jahresende war das Retreat nicht nur aufgebaut, sondern auch fast abgezahlt. Die Leute sammelten sich wieder „unter meiner Flagge". Es war an der Zeit, noch einmal ernsthaft mit dem Gedanken an die Bildung unserer kooperativen Kommune zu beginnen.

DER KAUF DER ANANDAFARM

Schon Ende 1967 hatte sich ein Freund bereiterklärt, als „Hausmeister" in Ananda zu bleiben. Im Spätsommer 1968 fanden unsere ersten Meditationstreffen in den kaum fertigen Gebäuden statt. Im Winter dieses Jahres lebten schon einige Personen als Eremiten im Retreat.

Im Februar 1969 fand in San Francisco unser zweites Treffen zur Diskussion über die Gründung einer kooperativen Kommune statt. Diesmal waren das Interesse an diesem Unternehmen und auch das Vertrauen stark geworden. Man fragte nicht mehr ob, sondern *wie* begonnen werden sollte. Die Entscheidungen, die bei diesem zweiten Treffen und bei anderen kurz darauf folgenden getroffen wurden, haben wir in erheblichem Maß ändern müssen, durch Erfahrungen klüger geworden. Doch wenigstens wurde damals ein Anfang gemacht, und im Frühjahr 1969 begannen die ersten Familien mit dem Umzug nach Ananda.

Wie ich schon sagte, bestand unser Plan darin, nur den *Beginn* des Familienprojekts im Retreat zu machen. Nach einigen Jahren, wenn wir stärker geworden waren, wollten wir anderswo Land dafür kaufen — vielleicht in der Gegend von Auburn, 50 Meilen südlich, wo die Ackerbausaison länger ist, dachte ich.

Gott hatte jedoch andere Pläne mit uns, und um unsere Gedanken in die richtige Richtung zu lenken, schickte Er uns gleich am Anfang ein paar besonders laute Kinder. Die Meditationen im Tempel wurden zu einer Kulisse der Mißbilligung von fröhlichem Geschrei, für wütende

DER KAUF DER ANANDAFARM

Vorwürfe und bittere Tränen, über die keiner die geringste Kontrolle hatte. Auburn war zu weit weg für eine so unfertige Kommune. Ich begann mich zu fragen, ob man passendes Land nicht in der Nähe finden konnte — und bald.

In dieser Zeit kamen Dick Baker Bedenken, ob wir bei allerbester Absicht stark genug wären, die Familien innerhalb von etwa zwei Jahren vom Retreat fortzubringen. Schließlich beruhten meine Zusicherungen auf *meinem* Glauben, nicht auf seinem. Und so geschah es, daß ich gerade jetzt, als wir unsere kooperative Kommune tatsächlich begannen und endlich ganz schuldenfrei waren, einen Brief von Dick Baker erhielt. Er bat mich, nichts Neues zu bauen, bis wir uns treffen und persönlich darüber sprechen konnten. Unglücklicherweise war er in Japan und wurde nicht vor Herbst zurückerwartet. Es war erst Juni. Seine Forderung erschien katastrophal.

In Wirklichkeit jedoch erwies sie sich als wahrer Segen.

Ich bekam seinen Brief an einem Freitagmorgen. Am gleichen Nachmittag fuhr ich von meiner Wohnung in San Francisco nach Ananda und hielt unterwegs in Sacramento, um einen Freund, Dr. Gordon Runnels, in seinem Büro zu besuchen. Während ich dort war, kam ein anderer Freund von ihm herein, ein Grundstücksmakler, und begann aufgeregt zu erzählen von dem „heißesten Landkauf, den ich je sah". Ich fragte nach dem Ort. Er antwortete: „In den Bergen nördlich von Auburn."

Und wo nördlich von Auburn? Er nahm eine Karte heraus und zeigte es mir. Es war in unserer Gegend! Das Landstück, auf das er zeigte, war nur einige Minuten mit dem Auto vom Anandaretreat entfernt.

„Der Besitzer", erzählte er, „hat Krebs im letzten Stadium. Er möchte seine Angelegenheiten so schnell wie möglich ordnen. Sein Land ist aufgeteilt worden, hauptsächlich in Parzellen von 16 ha. Es ist noch nicht einmal auf dem Markt, doch schon fangen die Männer im Büro an, Teile davon für sich selbst zu reservieren und ihre Freunde dafür zu interessieren."

„Ich muß heute nachmittag ganz in die Nähe davon", sagte ich zu ihm, „würden Sie mitkommen und mir dieses Land zeigen?"

So kam es, daß wir uns bei schwindendem Tageslicht in der schönsten Landschaft wiederfanden, die ich in meinem Leben gesehen habe

— in einem Leben, das mich zweimal um die Welt und in mehr als vierzig verschiedene Länder führte.

„Wäre es Ihnen möglich", fragte ich ihn, „mir einige Stücke über das Wochenende zu reservieren?" Ich nannte ihm die Stücke, die ich am liebsten wollte; sie umfaßten den größten Teil des Besitztums.

„Ich werde es versuchen", antwortete er.

Der Gesamtpreis für die gewünschten Parzellen betrug 49 500 DM — eine undenkbar hohe Summe, wenn ich im Laufe eines Wochenendes auch nur Zusagen in dieser Höhe haben wollte. „Aber wenn Gott möchte, daß wir es haben, ist es für Ihn leicht zu erreichen", sagte ich.

Ich hatte nie das Talent, wohlhabende Förderer anzuziehen, vielleicht wegen meiner tief verwurzelten Angst, gekauft zu werden. Doch ich kenne viele Leute, und einige von ihnen haben wenigstens *etwas* Geld. Ich machte mich ans Telefonieren. Bis zum Samstagmorgen, weniger als 24 Stunden nach Erhalt von Dick Bakers entmutigendem Brief, hatte ich Versprechungen von Leihgaben und Spenden von insgesamt 49 500 DM.

„Um sicherzugehen", sagte mir der Grundstücksmakler am Samstagmorgen, als ich ihn anrief, „ging ich heute nacht um zwei Uhr ins Büro. Gut, daß ich es tat. Ich konnte alle von Ihnen gewünschten Parzellen reservieren, aber heute morgen kamen fünf oder sechs andere und drängten mich, ihnen ein paar von Ihren Stücken zu geben. Ich kann Ihnen sagen, Sie haben gerade noch rechtzeitig gehandelt, als Sie sich so schnell Hilfe zusagen ließen. Sie haben dieses Land allen anderen vor der Nase weggeschnappt."

Nun mußte dieser Kauf noch mit unseren Mitgliedern besprochen werden. Sie stimmten jedoch alle zu, daß es der einzige derzeit mögliche Schritt sei. Und so kam es, daß wir über 80 ha zusätzliches Land für unsere Familien, die Landwirtschaft und die „Schwerindustrie" erhielten. Dieses neue Land wurde als Anandafarm bekannt. Es ist nur 10 km von Ananda Meditation Retreat entfernt — nahe genug, um ein Teil der gleichen Kommune zu bleiben.

Interessanterweise wurden fast alle ursprünglichen Geldversprechungen für die Bezahlung des Landes zurückgenommen. Wir brauchten die Zuversicht, die wir durch jene Versprechungen gewannen, aber

Gott hatte andere Wege, die Zahlung zu ermöglichen, als sie wirklich fällig wurde.

Die Geschichte des Farmkaufs hatte ein besonders verblüffendes Ende. Es hatte mich traurig gestimmt zu denken, daß unser Glück auf Kosten des Lebens des früheren Besitzers zu uns kam. Einige Zeit später traf ich seinen Arzt, der zufällig die Tochter von Freunden meiner Familie geheiratet hatte, als wir in Scarsdale im Staate New York lebten. Er erzählte mir, daß der Krebs dieses Mannes im Endstadium wie durch ein Wunder geheilt worden war, kurz nachdem wir das Land in Besitz genommen hatten.

Zu den folgenden Abbildungen: „Die größte Befriedigung in der Kunst ist das Schaffen, nicht das bloße Unterhaltenwerden." Mitglieder von Ananda führen Swami Kriyanandas Stück „The Jewel in the Lotus" auf. Die Gesangsgruppe von Ananda, „The Gandharves", bei einem Auftritt während einer Sonntagsfeier im Ananda Retreat-Tempel.

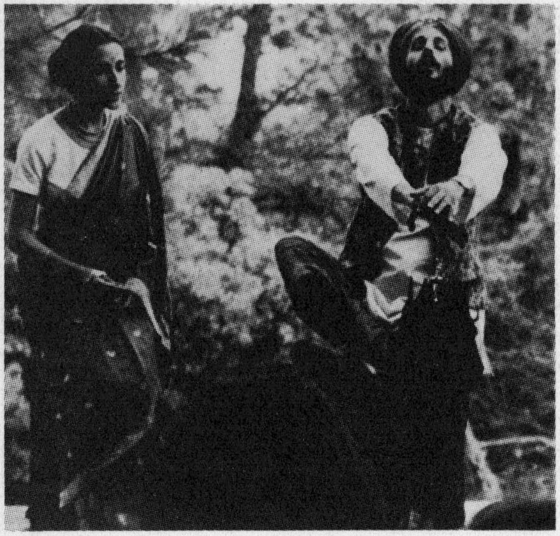

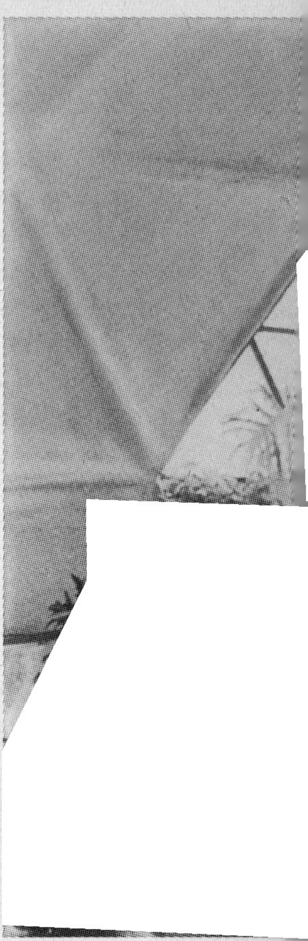

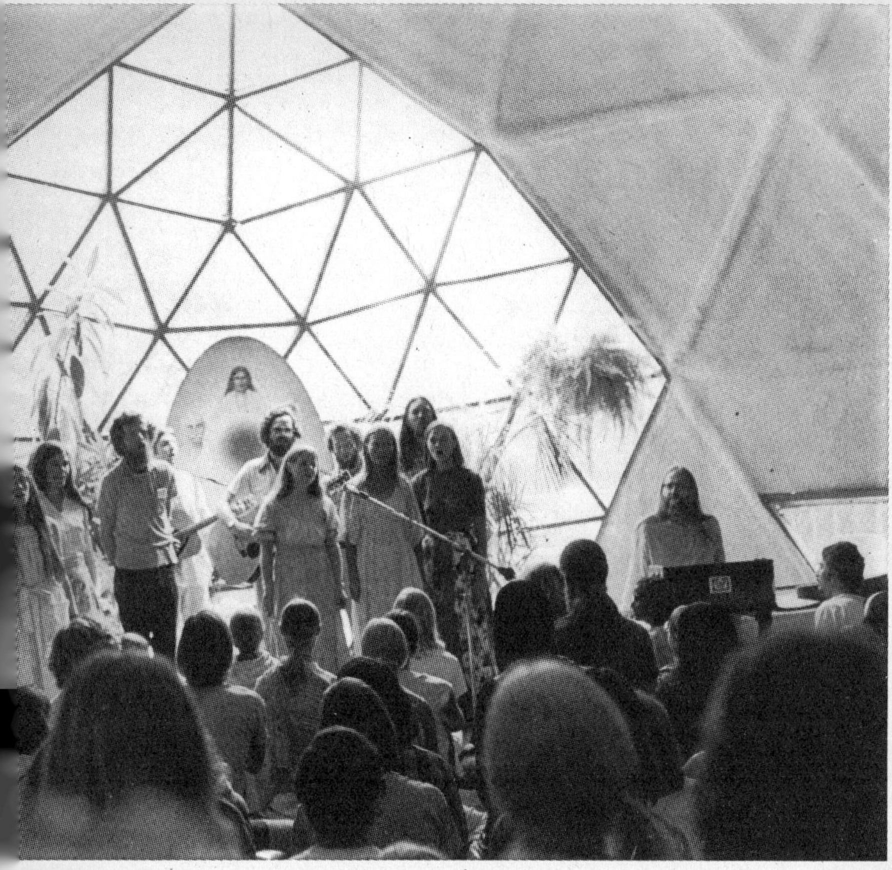

BEGINN DER KOMMUNE

Ananda Cooperative Village begann eigentlich, zumindest in seiner jetzigen Form, mit dem Kauf der Anandafarm. Es fing mit einer Explosion an, die wir kaum überlebten.

Eine erstaunlich wirkungsvolle Flüsterpropaganda verbreitete die Nachricht, daß eine neue „Kommune" gegründet worden war und Mitglieder suchte. Von überall kamen Leute. An einem Nachmittag allein standen in unserer Einfahrt sieben Autos voller Leute, die sich Ananda anschließen wollten. Viele von dieser Horde waren die üblichen „Suchenden". Sie suchten nicht nach einem sinnvollen Leben, sondern nach einem bequemen Plätzchen. Sie aßen unser Essen, trieben unsere Telefonrechnung in die Höhe und erzählten uns, wie wir leben sollten. Die meisten nahmen unsere Zeit und Aufmerksamkeit in Anspruch. Einige von ihnen waren tatsächlich als Mitglieder für uns erwünscht.

Denn natürlich brauchten wir Mitglieder. Was wir nicht brauchten, war eine Invasion. Wir mußten so schnell wie möglich durch die immer wirksame Flüsterpropaganda verbreiten, daß Ananda keineswegs der Ort ist, wo etwas „los" ist. Es dauerte eine Weile, aber wir waren erleichtert, uns am Ende in bestimmten Kreisen als „eng", „materialistisch" und „keine echte Kommune" gestempelt zu wissen. Und wir hörten voll Dankbarkeit, daß wir in anderen Kreisen allmählich für eingeweiht, verantwortungsbewußt und ernsthaft gehalten wurden. Kurz, Ananda begann, ihr eigenes „Image" zu entwickeln, so daß selbst als Besucher diejenigen Leute kamen, die zu uns paßten.

Am Anfang rührte der größte Kampf für mich wohl daher, daß wir genug Mitglieder aufnehmen mußten, um die Farm wirtschaftlich zu ermöglichen. Viele dieser Neuankömmlinge hatten keine Ahnung von Anandas Hintergrund und kein Bedürfnis, mir als dem Gründer bei der Verwirklichung meiner Träume für Ananda zu helfen. Ihre Haltung war völlig verständlich. Ein wesentliches Prinzip bei der Gründung der Kommune war gewesen, daß kein Mitglied mehr als eine Stimme haben würde. Das traf natürlich auch auf mich zu. Es war wichtig für mich, an diesem Prinzip festzuhalten, wenn ich Ananda nicht in eine Diktatur verwandeln wollte.

Doch es traf auch zu, daß ich Jahre damit zugebracht hatte, in Ideen hineinzuwachsen, an die die meisten dieser Neuankömmlinge noch nicht einmal gedacht hatten. Zumindest wußte ich, daß einige meiner sogenannten Träume einfach wesentlich waren für das Überleben von Ananda. Andere waren notwendig, um mein Interesse an der Kommune aufrechtzuerhalten. Ich wollte unseren Mitgliedern gewisse Ideen einprägen, die meines Wissens lebenswichtig waren für den Erfolg und das weitere Wachstum. Außerdem wollte ich ihnen den Gedanken nahelegen, echte Verantwortung für die Regelung ihrer eigenen Angelegenheiten zu übernehmen. Denn ich hatte mir von Anfang an vorgenommen, an meiner ursprünglichen Absicht festzuhalten: ich wollte nicht geschäftlicher Leiter der Kommune werden.

Teils durch persönliche Arbeit mit jenen Mitgliedern, die Bereitschaft zur Übernahme von Verantwortung zeigten, teils durch Angabe guter Gründe für meine Vorschläge und teils durch ständige Betonung unserer spirituellen Richtlinien konnte ich mit der Zeit meine Ziele verwirklichen. Immer mehr nahm die Kommune den Charakter an, den ich bei ihrer Gründung erträumt hatte. Sie regelte sogar ihre Angelegenheiten selbst auf bewundernswerte und verantwortungsbewußte Weise.

Einer der ersten Kämpfe betraf die Frage der Drogen. Jeder Ankömmling in der Kommune hatte versprochen, sie nicht zu nehmen, doch bald übten sie wieder eine Anziehungskraft auf gewisse Leute aus, vor allem als äußere Schwierigkeiten auftraten. Es gab Zeiten, wo ich fest sein und sogar eine Person zum Fortgehen auffordern mußte. Doch im ganzen fühlte ich, daß die Vernunft und eine wachsende spirituelle Kraft in der Kommune das Problem für uns lösen würden. Allmählich erwiesen sich meine Erwartungen als berechtigt.

Ein anderes Problem war das Selbstverständnis der Kommune. Viele Mitglieder wünschten sich oder erwarteten zumindest, daß Ananda sich zu einer engen Familiengemeinschaft, zu einer Art Sippe entwickeln würde. Allmählich kamen unsere Leute jedoch zu der Einsicht, die ich in diesem Buch betont habe, daß ein gewisses Maß an Privatsphäre spirituell wünschenswert ist und auch der Harmonie in der Gemeinschaft dient. So entschied die Gemeinschaft ohne große Schwierigkeiten selbst, daß sie lieber ein Dorf von Gleichgesinnten sein wollte, wie dieses Buch vorschlägt, als eine typische „Kommune".

Unsere Nachbarn sagten uns später, daß bei unserer ersten Ankunft in Ananda das Wort von „schlechten Neuigkeiten" für Nevada County in der Gegend umlief. Doch wir kamen mit dem Wunsch, verantwortliche Bürger und gute Nachbarn zu werden. Bald änderte sich der allgemeine Eindruck. Die Leute fanden heraus, daß wir die örtlichen Gesetze und Autoritäten anerkannten, unsere Rechnungen pünktlich bezahlten und der Gegend eine eigene gute Atmosphäre gaben. Außerdem sind durch unser Hiersein überraschend viele Leute, die nicht Mitglieder unserer Kommune sind, nach Nevada County gezogen. Insgesamt war Ananda gut für die hiesige Geschäftswelt. Der gute Wille, den uns umliegende Gemeinden entgegenbrachten, steht in starkem Gegensatz zu den lokalen Feindseligkeiten, die einige andere Kommunen erlebten.

Viel bemerkenswerter als Harmonie mit Menschen außerhalb der Kommune ist die Harmonie der Mitglieder untereinander. Spannungen treten jetzt überhaupt sehr selten unter ihnen auf. Zum Teil liegt es daran, daß unsere Mitglieder Männer und Frauen guten Willens sind. Bekanntlich hat es aber auch Menschen guten Willens gegeben, die nicht gut miteinander auskamen. Deshalb muß meiner Meinung nach hinzugefügt werden, daß unsere Mitglieder durch ihre täglichen Meditationen eine geistige Reife erreichen, die ihre Beziehungen zueinander auf eine höhere Ebene hebt.

Diese wachsende geistige Reife spiegelt sich in der Regelung von Gemeinschaftsangelegenheiten wider. Das ist der Hauptgrund, warum Ananda trotz ihres chaotischen Beginns stetig in größere Harmonie, Kooperation und das Empfinden wahrer geistiger Bruderschaft hineingewachsen ist.

FINANZIELLE PROBLEME

Die Geschichte von Ananda war, ach, von Anfang an verbunden mit dem Kampf um die Finanzen. Unser Farmkauf bedeutete, daß wir monatliche Zahlungen in Höhe von 6 400 DM zu leisten hatten — ein direkter Widerspruch zu meinem eigenen Rat in diesem Buch, daß neue Kommunen den Beginn ohne Schulden versuchen sollten. Doch wir hatten wirklich keine andere Wahl. Und meine bisherigen Erfahrungen hatten mir Grund gegeben zu glauben, daß Gott uns den Weg weiter ebnen würde, immer wenn Er unsere Wahlmöglichkeiten so einschränkte wie diesmal.

Immer wieder in meinem Leben hat Gott mir gezeigt, daß die größten Niederlagen, angenommen im Vertrauen auf Ihn, die Türen sind, durch die Er Seine größten Segnungen zu senden wünscht. Entweder hat Er einen verzwickten Sinn für Humor, oder dies ist Sein Weg, unseren Glauben zu entwickeln! Denn Glaube ist etwas Lebendiges. Er muß *geübt* werden, man kann ihn nicht einfach serviert bekommen wie irgendein angenehmes Gefühl. (Man sollte jedoch hinzufügen, daß die Übung des Glaubens einhergehen muß mit wirklicher Erfahrung der Macht des Glaubens. Sonst wird er zur bloßen Vermutung und damit meist wirkungslos.)

Die Hypotheken, zuerst eine schwere Last, erwiesen sich mit der Zeit als ein wesentlicher und notwendiger Faktor des Zusammenhalts der Kommune. Denn „Geld" war am Anfang ein böses Wort für die meisten unserer Mitglieder. Es hieß Materialismus, Ichsucht, Weltlichkeit — alles, was wir überwinden wollten. Viele unserer Leute mußten jedoch lernen, daß auch Trägheit eine Form von Materialismus ist —

weit schlimmer als Geldgier; daß ein unproduktives Leben das spirituelle Bewußtsein stört; und daß Geld nur eine Form der Energie ist: es kann weise verwendet oder mißbraucht werden. Wenn ich die für mich ungeheuren Geldbeträge betrachte, die ich für den Anfang von Ananda verdienen oder aufbringen mußte, dann staune ich immer wieder, daß mein eigentlicher Gewinn aus diesen schmerzhaften Bemühungen innerlich war, nicht äußerlich. Harte Arbeit für die materielle Verwirklichung eines hohen Ideals ist kein Materialismus. Gott hatte uns Anandafarm mit einer harten Bedingung verknüpft gegeben. Wenn wir den Segen haben wollten, mußten wir hart arbeiten, um ihn zu bezahlen. Eine wachsende Liebe zur Kommune und zu unserer Umgebung bewog die Mitglieder, ernsthaft mit der Arbeit in verschiedenen Selbstversorgerindustrien zu beginnen. Allmählich entdeckten sie, daß ihre Arbeit ein wertvoller Dienst war und dadurch eine Quelle großer innerer Gnade für sie.

Es dauerte einige Zeit, dieses Verständnis zu entwickeln. Ich zog im Juni 1969 nach Ananda. Meine zärtlich gehegte Erwartung war, daß die Zusammenarbeit vieler Menschen mich von der Notwendigkeit befreien würde, die ganze Zeit draußen in den Großstädten Yogastunden zu geben. Doch anfangs arbeiteten die Leute einfach nicht zusammen. Einige arbeiteten tatsächlich gar nicht. Und wer arbeitete – und zwar hart –, der konnte nicht gleich konkrete Einkünfte haben. Der Aufbau eines gewinnbringenden Unternehmens braucht Zeit.

Die Dinge kamen in Gang, wenn auch langsam. Sie waren nur noch nicht „eingerastet". Jedoch gab es eine Zeit gegen Ende 1969, als wir der völligen Auflösung nahe waren. Der Winter kam, und die meisten von unseren Leuten wußten nicht, wie sie damit fertig werden sollten. Die Hypothekenabzahlung war aufgeschoben worden, weil die Verkäufer bestimmte Straßen nicht angelegt hatten, wie es versprochen war. Plötzlich erhielten wir Benachrichtigungen von einer bevorstehenden Pfändung. Wenige unserer Mitglieder waren fähig, sich Geldsummen in dieser Höhe überhaupt vorzustellen. Einige von ihnen flüchteten zu den Drogen. Die Leute zogen sich in eine Phantasiewelt zurück bezüglich der Hypothek: Wenn Gott sie bezahlt haben will, wird *Er* dafür sorgen. Das war sicher der dunkelste Augenblick in unserer Geschichte.

Ich beschloß, einigen Leuten Zeit zu geben zum Erfassen der Wirklichkeit und anderen Zeit zum Beginn ihrer Betriebe. Ich hatte nicht vor, mein Leben lang außerhalb Anandas zu arbeiten, damit andere dort leben und spielen konnten. Besonders hart für mich war die Tatsache, daß einige Leute gerade in meiner Bereitschaft, für sie zu arbeiten, die Rechtfertigung sahen für ihren eigenen Glauben, daß Gott irgendwie für sie sorgen werde. Ich erklärte mich bereit, die Verantwortung für die Hypothekenabzahlung zu übernehmen, aber nur bis einschließlich Mai 1970. So lebte ich die Wintermonate über in Sacramento und gab wieder Yogastunden.

Der härteste Schlag für mich kam, als die Abzahlungen vier Monate lang regelmäßig geleistet worden waren. Ich erhielt eine Benachrichtigung, daß das Grundstück gepfändet würde, wenn ich nicht innerhalb von zwei Wochen auch noch alle früheren Zahlungsverpflichtungen erfüllen würde. Ich hatte geglaubt, die Verkäufer würden verzichten, weil sie ihre Versprechen nicht erfüllt hatten. Es war mir jedoch unmöglich, meinen Standpunkt zu vertreten. Mit anderen Worten: in zwei Wochen mußte ich *zusätzliche* 16 500 DM zahlen, oder wir verloren die ganze Farm.

„Sieh es ein", sagte einer meiner Freunde an dem Abend, als ich den Brief bekam, „du kannst nicht immer gewinnen."

„Komm rüber zu mir", drängte mich ein anderer Freund, „und trink einen Tee. Davon wirst du dich besser fühlen."

„Was denkst du?" schrie ich, „es interessiert mich nicht, wie ich mich dabei *fühle*. Mich interessiert, was ich in der Sache *tun* kann!"

Ich sah sicher erschlagen aus, jedenfalls fühlte ich mich so. Doch mitten in der Schlacht ist sicher nicht die rechte Zeit, um sich mit Empfindungen des Nicht-Anhaftens zu trösten. Solange auch nur ein halber Tag übrig war, hatte ich zumindest eine Erfolgschance. Tatsächlich glaubte ich im Inneren fest an den Erfolg.

Als ich an diesem Abend heimkam, begann ich eine Reihe dringender Telefonate. Es gelang mir, die Pfändung um eineinhalb Monate aufzuschieben. Der letztmögliche Zahlungstermin war der 1. Juni. Mit Gottes Gnade zahlte ich alles — zusammen mit der üblichen Monatsrate — am 31. Mai.

Dann zog ich wieder nach Ananda und übertrug die Verantwortung für weitere Abzahlungen der ganzen Kommune.

Die Mitglieder waren in der Zwischenzeit sowohl spirituell als auch in praktischer Hinsicht gewachsen. Bei der Rückkehr fand ich die Arbeitsmoral gut, die „Industriebetriebe" vielversprechend und die Liebe zu unserer Lebensweise stark genug, so daß die Leute zu den dafür nötigen Opfern bereit waren.

Ich selbst muß zugeben, daß ich nun erschöpft war. Für den Rest des Sommers hielt ich nur im Retreat Kurse ab. Nach jahrelanger Geldjagd war, so fühlte ich, die Zeit für mich gekommen, mich tiefer in mich selbst zu versenken.

Ein Antrieb in dieser Richtung kam einen Monat nach meiner Rückkehr nach Ananda. In den frühen Morgenstunden des 3. Juli brannte unser Retreat-Tempel nieder. Er war nicht versichert, der Verlust war beträchtlich für uns.

Doch gab es wieder günstige Folgen. Wir brauchen einige Härten im Leben, damit wir ermutigt werden, mehr Halt in bejahenden Einstellungen zu finden. In dieser Hinsicht war es eine herrliche Gelegenheit. Später an diesem Tag betraten zwei von uns einen Kaufladen in der Nähe.

„Ihr singt!" rief die Besitzerin, eine Französin. „Als unser Haus abbrennen letztes Jahr, ich weine und weine sechs Monate lang!"

Doch warum nicht singen? Wer sein Glück gleichsetzt mit Gegenständen, der lebt in Fesseln. In Wirklichkeit brachte mir der Verlust des Tempels Segnungen, die weit hinausgingen über jeden persönlichen Entschluß, die „Ohren steifzuhalten". Ich fühlte tiefe innere Stärkung und mehr denn je die Überzeugung, daß nichts im Leben zählt, außer Gott zu dienen und zu gefallen. Auch wußte ich von da an: Gott wollte, daß ich intensiver am Bau meines eigenen inneren „Tempels" arbeitete.

Die Arbeit am Wiederaufbau des Tempels und die dadurch bedingte Ermutigung halfen wesentlich, die Menschen zu einen. Dieser Verlust erwies sich wie viele andere Lasten mit der Zeit als wahrer Segen. Wir hatten jetzt neue Mitglieder, die mit den Konstruktionsproblemen geodätischer Kuppeln vertraut waren. Der neue Tempel ist größer und viel schöner als der erste.

Was mich betrifft, so habe ich seit dem Brand des Tempels zunehmend ein Leben der Zurückgezogenheit geführt. Tatsächlich bin ich nun seit Monaten nur an Wochenenden herausgekommen, um zu sprechen. Wie sich herausgestellt hat, ist meine Zurückgezogenheit hilfreicher für Ananda, als mein fleißiges Bemühen um Geldmittel es je war. Sie hat den Leuten den Ansporn gegeben, härter zu arbeiten. So wurde es für mich möglich, die ganze Zeit hierzubleiben.

Die letzten neun Jahre waren ein Kampf. Doch ich sage den Menschen: selbst wenn Ananda nach all diesen Anstrengungen scheitern sollte, hätte ich das Gefühl, bleibenden Gewinn durch all die Arbeit erhalten zu haben. Äußere Dinge kommen und gehen. Weltlicher Erfolg und Mißerfolg sind untrennbar verbunden. Der bleibende Gewinn liegt im Inneren. Er ist letztlich der einzige Grund für all unsere Anstrengungen.

Zur folgenden Abbildung: Die Bewohner von Ananda sind sportlich sehr aktiv. Besonders beliebt sind Langstreckenlauf, Fußball und Basketball.

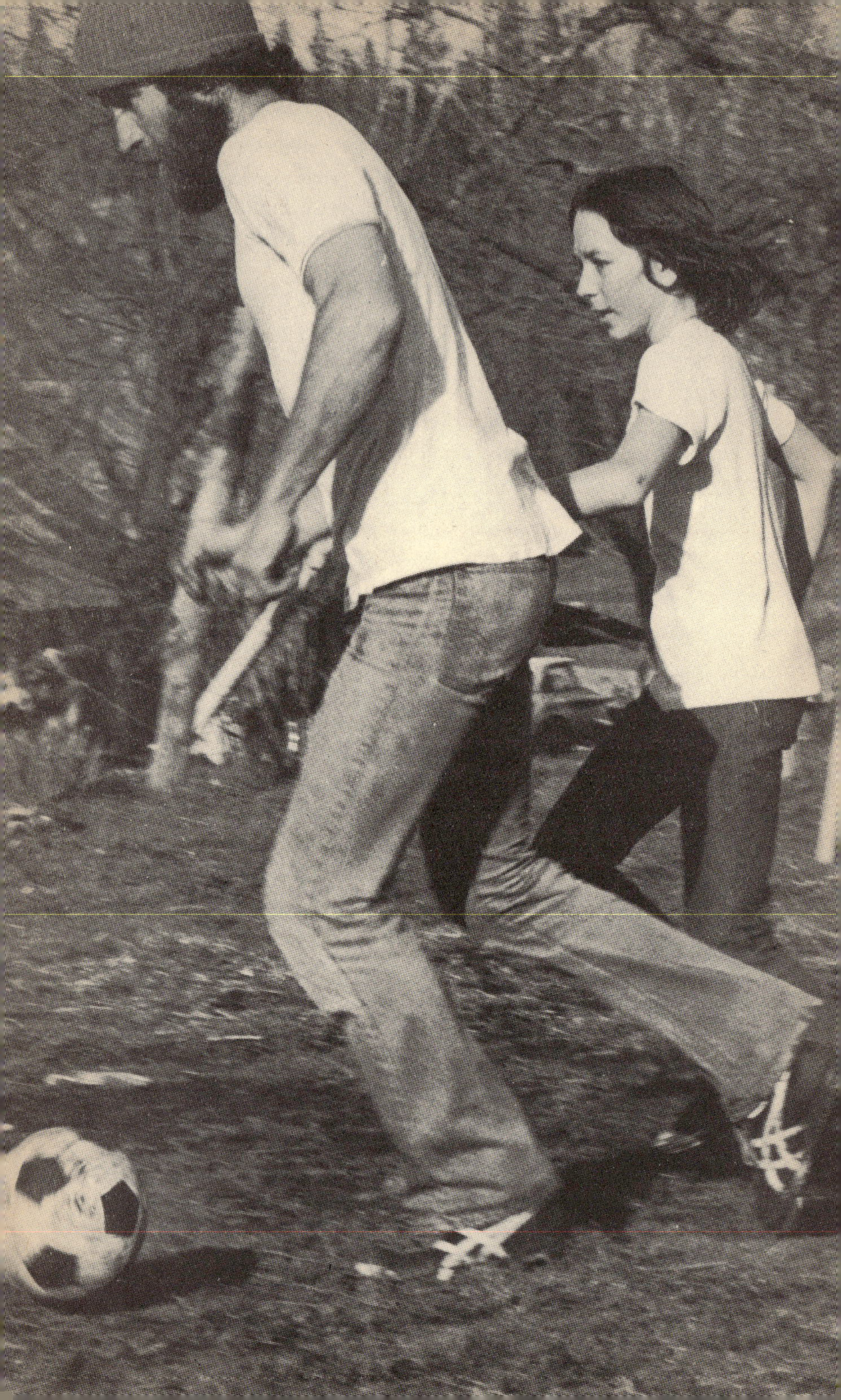

WAS WIR GELERNT HABEN

Viele Lehren habe ich durch die vergangenen Jahre erhalten. In gewisser Hinsicht erscheint das Gelernte zu persönlich, um unter den Vorschlägen im ersten Teil des Buches erwähnt zu werden. Doch es könnte nützlich sein für einige Leser, die den gleichen Weg gehen und eine Kommune gründen wollen. Deshalb wollen wir hier einige dieser Erfahrungen betrachten.

Mein erster Vorschlag wäre: Sei auf Härten und Schwierigkeiten gefaßt. Vielleicht greife ich vor. Ananda wurde unter Schwierigkeiten geschaffen. Ich würde gerne denken, daß unsere Erfahrung – zumindest in dieser Hinsicht – einzig auf uns beschränkt ist. Ich bezweifle es jedoch. Und als positive Erfahrung habe ich gelernt, daß göttliche Gnade in Herzen gedeiht, die durch Leiden sanft wurden.

Oft geben die Leute nach einigen Schwierigkeiten auf. Wenn sie etwas Glauben an Gott haben, werden sie wohl sagen: „Diese Hindernisse beweisen, daß Er mich nicht in diese Richtung gehen lassen will." Nun, sie mögen es beweisen oder nicht. Wenn du in anderer Hinsicht eine Fülle von Zeichen Seiner Hilfe siehst, oder wenn du dich innerlich Seiner Hilfe sicher fühlst, dann können Hindernisse und Härten in Wirklichkeit Zeichen Seiner Zuwendung sein, Seines Wunsches, dir beim Starkwerden zu helfen. Wichtig ist es, keine Opfer zu scheuen für die Dinge im Leben, die dir wertvoll sind. Jeder Sieg enthält einen Kampf. Leicht erlangte Lebensfreuden bringen kein inneres Wachstum. Es zeigt sich bald, daß sie die Seele verdummen.

Der dreimalige Verlust meiner ersten geodätischen Kuppel, die mein eigenes Zuhause hatte werden sollen, lehrte mich etwas, was sich meiner Meinung nach als hilfreich erweisen könnte für andere, die Gemeinschaften gründen wollen: Baue zuerst für andere und dann erst für dich.

Der Widerspruch, den ich erregte, als ich erstmals die konkrete Bildung einer kooperativen Kommune vorschlug, zwang mich zu einer Annäherungsmethode, die meiner Ansicht nach auch anderen nützlich sein könnte. Je nach dem zentralen Ziel deiner Kommune solltest du das erste Gebäude in der Absicht bauen, dort das Bewußtsein der Kommune zu konzentrieren. In unserem Fall, da spirituelles Wachstum unser Ideal war, half es wesentlich bei unserer weiteren Entwicklung, zuerst einen Tempel zu haben.

Wesentlich für unsere eigene Entwicklung war auch die Veröffentlichung dieses Buches, denn es gab jedem die Möglichkeit, unser Ziel zu sehen und zu verstehen. Falls du dieses Buch als Grundlage für eine eigene Kommune vorschlägst, dann wäre es nützlich, darauf zu bestehen, daß alle vorgesehenen Mitglieder es lesen. Zumindest hilft es ihnen, eine klarere Vorstellung von den Richtungen ihres Weges zu gewinnen.

Einige meiner finanziellen Verpflichtungen waren recht verwirrend für mich, da ich die meiste Zeit meines Erwachsenenlebens – als Mönch – nur ein Taschengeld von monatlich 80 DM gehabt hatte. Gott machte es mir möglich, alle Verpflichtungen zu erfüllen. Ein Grund hierfür war meiner Meinung nach die Tatsache, daß ich mich selbst unter stärkstem Druck nicht dazu verführen ließ, mehr an das Bekommen als an das Geben zu denken. Wenn jemand meine Kurse nicht bezahlen konnte, so ließ ich ihn trotzdem teilnehmen gegen einfache Dienstleistungen wie das Herrichten des Raumes für den Kurs oder ein Arbeitswochenende in Ananda. Einige Leute nutzten meine Gutmütigkeit aus, aber ich wußte, die Hilfe kam in Wirklichkeit von Gott, nicht von den Menschen. Ich glaube, auch andere werden es hilfreich finden, das Dienen *immer* an die erste Stelle zu setzen und nicht zu denken, ein guter Zweck könne zeitweise ein raffgieriges Bewußtsein rechtfertigen.

Als ich Leute für Ananda zu interessieren versuchte, machte ich den Fehler, ihnen gleich am Anfang einen zu weit vorgreifenden Plan zu präsentieren. Die meisten Menschen brauchen Zeit, um in eine neue Idee hineinzuwachsen. In der Tat ist wohl niemand so aufgeregt beim Gedanken an Einwände wie jene Sorte Menschen, die Projekte beginnen wollen. Wenn du eine Kommune gründen willst, tust du deshalb vielleicht gut daran, die Darstellung deiner Pläne nicht zu weit in die Zukunft schweifen zu lassen. Ein Schritt auf einmal ist das sicherste Verfahren.

Unsere Entwicklungsrichtung in Ananda hat uns einige Male zu Schritten gezwungen, die einigen Ratschlägen dieses Buches widersprechen. Wir verschuldeten uns z.B. hoch durch den Kauf der Anandafarm, obwohl ich jeder neuen Kommune riet, dies nicht zu tun. Wir gaben von Anfang an eine Idee auf, die ich in früheren Ausgaben dieses Buches vorschlug, nämlich daß die Kommune der einzige Arbeitgeber sein sollte. Und wir verzichteten auf eine Idee aus B.F. Skinners *Futurum Zwei*, daß die Arbeiter zumindest teilweise durch Gutscheine statt Geld bezahlt werden sollten. Beide Ideen erwiesen sich als mühevoll und wenig nützlich. Nach kurzer Zeit entschieden wir uns für das System, mit dem wir alle aufgewachsen waren und das wir verstanden: man hat selbständige Betriebe in Privatbesitz und läßt andere Leute dort gegen Bezahlung arbeiten.

In den ersten Auflagen dieses Buches schlug ich vor, Anteile an der Kommune zu verkaufen, um diese zu fördern. Dies erwies sich als undurchführbar für uns, und so empfehlen wir es anderen nicht mehr.

Wir haben auch den Aufbau unseres „Regierungsapparats" verändert. Im wesentlichen halten wir uns an das System, das jetzt im Kapitel über Regierung in diesem Buch beschrieben ist, doch in früheren Auflagen schlug ich ein ausgeklügelteres System vor — viel zu ausgeklügelt für eine Gruppe von Menschen, deren Hauptwunsch für ihr Zusammenleben das einfache Leben ist.

Die Leute fragen uns oft, warum wir so erfolgreich waren, während so viele ähnliche Kommunen auseinandergingen. Viele Gründe können angeführt werden, doch ich denke, die wichtigsten davon sind die folgenden drei: 1) Wir finden unseren Frieden zuerst innerlich, in der Meditation, und nur in zweiter Linie durch einander; 2) wir haben gelernt, daß das Geheimnis der Arbeit freudiger Dienst ist; und 3) wir haben gelernt, daß jedes Gefühl von Unterschieden zwischen uns und anderen verschwindet, wenn man Gott im anderen Menschen — in allen Menschen — sieht. Die Leute wundern sich oft, wie wenige Spannungen es hier gibt. Doch es ist wirklich nichts Geheimnisvolles daran. Innerer Frieden hält wie Öl die Maschine des Lebens in gleichmäßigem Gang, alle Teile arbeiten harmonisch zusammen.

Die Leute fragen uns manchmal nach unseren Plänen für die Zukunft. Wie groß wollen wir werden? Welche Verantwortung empfinden wir für die Bewegung der kooperativen Kommunen als Ganzes? Hoffen wir, anderswo Ableger von Ananda Cooperative Village zu gründen?

Unsere Zukunftspläne umfassen eine spirituell orientierte „Schule des Lebens" nach den Ideen dieses Buches und, soweit möglich, nach den Erziehungsidealen unseres Gurus Paramahansa Yogananda. Die Schule wird als High School beginnen, offen für Kinder von außerhalb der Kommune. Sie wird auf einem 6 ha großen Gelände stehen, daß wir für diesen Zweck erworben haben. Es liegt nahe am Farmgrundstück, und doch landschaftlich getrennt. Ich bezeichne dies als Zukunftsprojekt, weil wir bisher keine Schulgebäude gebaut haben, doch in Wirklichkeit haben wir trotz dieses geringfügigen Nachteils schon eine kleine High School. Hier wirken examinierte Lehrer während der Zeit, die sie im Meditationsretreat von Ananda verbringen. Schüler von auswärts leben in Retreatklausen, die während der kälteren Monate des Jahres weniger gefragt sind bei Meditierenden. Wir planen, die Schule der Yoga Fellowship zu unterstellen, einer religiösen Körperschaft auf gewinnloser Basis, die ich 1968 gründete. Dadurch hoffen wir, steuerabzugsfähige Spenden für den Bau der Schule und die weitere Entwicklung zu erhalten. Zu der Zeit, da ich dies schreibe, werden gerade die Formalitäten ausgearbeitet. Ich hoffe, daß der geneigte Leser uns für mögliche Gaben im Gedächtnis behält, falls er unsere Erziehungsvorstellungen genügend schätzt, um sie fördern zu wollen.

Ein weiterer Plan für die nahe Zukunft erwächst aus der Tatsache, daß eine wachsende Zahl unserer Mitglieder sich zum Mönchsideal hingezogen fühlt. Ich glaubte schon lange, daß eine im breiteren Rahmen einer kooperativen Kommune wirkende Mönchsgruppe eine unermeßliche Hilfe zur Stärkung des allgemeinen Verständnisses für den spirituellen Zweck ist. Sadhus oder heilige Männer, die ständig nahe bei einem indischen Dorf leben, gelten als Segen für die ganze Gemeinschaft. Ihre Entsagung regt Haushalter dazu an, weniger fest am Ich und am Eigentum zu haften.

Daß ich zuerst mit einer weltlichen Gemeinschaft begann, entsprach nicht nur einem speziellen Bedürfnis unserer Zeit (es gibt ja schon zahlreiche Klöster), sondern ich empfand auch, daß es unklug wäre, wenn man eine weltliche Kommune gründen will, sie aus einer klösterlichen Ordnung heraus entwickeln zu wollen. Fast mit Sicherheit gäbe es Disharmonien. Das geschähe auch im Leben eines Einzelmenschen, wenn er eine völlig geweihte Lebensweise für eine mehr ichbezogene aufgeben würde. Die Mönche sähen in den später gekommenen Haushaltern einen Verrat an ihren selbstlosen Prinzipien. Die Haushalter würden den Mönchen das ankreiden, was sie für Engstirnigkeit halten. Die Mönche würden den Ton in der ganzen Kommune angeben und allen eine unvernünftige Strenge zumuten. Und falls die Haushalter nicht zu eingeschüchterten gehorsamen Schafen würden, nähmen sie wahrscheinlich eine starre Haltung der Rebellion an. Dies ist jedenfalls ein Verhaltensmuster, das ich im Laufe der Jahre beobachten konnte.

Die natürliche Entwicklungslinie führt vom Niederen zum Höheren, in diesem Fall vom Weltlichen zum Geistigen. In Indien, wo diese Tatsache verstanden wird, gibt es kaum Konflikte zwischen Haushaltern und Mönchen, denn man spürt, daß die Mönche ein Segen für die bestehende Ordnung sind — und nicht etwa die Haushalter ein Ärgernis für diese.

So kam es, daß ich Ananda zuerst als weltliche Kommune gründen wollte. Jetzt jedoch, da sie gegründet ist und gedeiht, ist für uns die Zeit gekommen, der bestehenden Struktur einen klösterlichen Orden anzugliedern. Wir haben diesen Orden „The Friends of God" genannt. Er begann mit zehn Mitgliedern von Ananda, sieben Männern und drei Frauen.

Wir haben noch keine absolute Grenze für die Zahl der Bewohner von Ananda festgelegt, doch ich denke, etwa 200 Personen (einschließlich der Kinder) wären ein vernünftiges Maß. Von diesen würden nicht mehr als 40 im Retreat leben. Schon 200 Personen würden wahrscheinlich den tatsächlichen Bedarf unserer Kommune bereits übersteigen. Doch diese Zahl würde es erlauben, Gruppen auszubilden, die man zur Gründung neuer Kommunen aussendet.

Ja, wir haben vor, anderswo weitere Kommunen zu gründen. Doch wie ich in diesem Buch empfohlen habe, wird jede Kommune unabhängig sein; sie wird also kein Ableger von Ananda sein, sondern gleichberechtigtes Mitglied einer Art lockerer Bruderschaft.

Was unser Verantwortungsgefühl für die Bewegung der kooperativen Kommunen als Ganzes betrifft, so wollen wir in keiner Weise die Szene bestimmen. Unsere Interessen sind praktischer Art. Wenn Leute uns in endlose Diskussionen über Theorien des Kommunelebens verwickeln wollen, erhalten sie gewöhnlich Antworten von dieser Art: „Nach unserer Erfahrung funktioniert es so." Das ist im wesentlichen die Methode dieses Buches: nicht das Ausbrüten von bloß schönen, sondern von *durchführbaren* Ideen.

Zu den folgenden Abbildungen: Besucher sind das ganze Jahr über im Ananda Retreat willkommen. Sie haben dort oft Gelegenheit, mit Bewohnern über unsere Lebensweise zu sprechen. Arati und Asha unterhalten sich mit Gästen beim Sonntagsessen.
Jeden Sommer halten Mitglieder von Ananda Wochenendseminare in Gartenbau, Naturheilkunde und kooperativem Kommuneleben ab. Shivani gibt einen Kurs über kooperative Kommunen.
Anfang 1978 besuchte Peter Caddy (Gründer der Findhorngemeinschaft in Schottland) Ananda. Er sprach davon, daß die Kommunen sich zusammenschließen sollten, um der Welt ein Beispiel zu geben von dem neuen Geist der Kooperation.

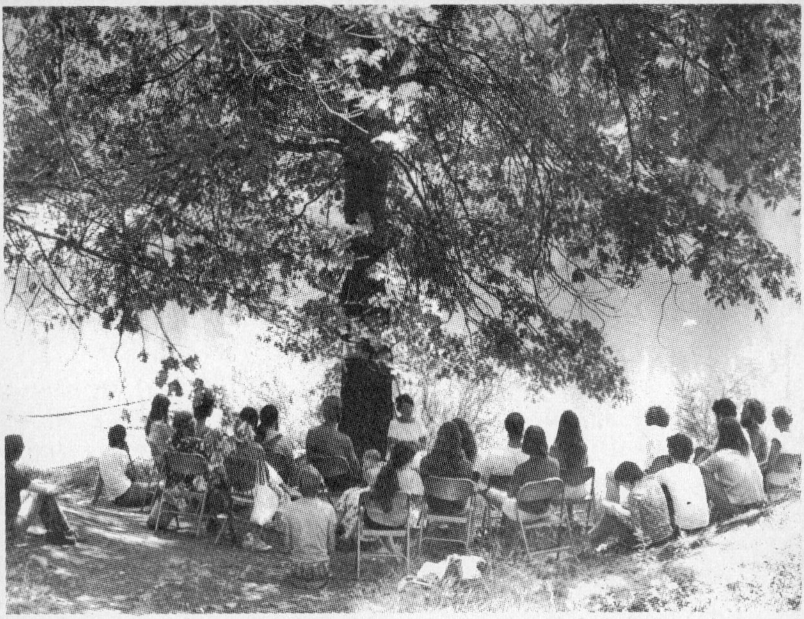

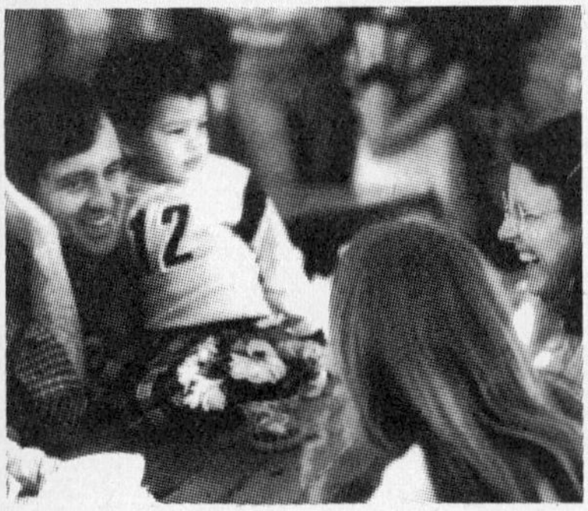
12

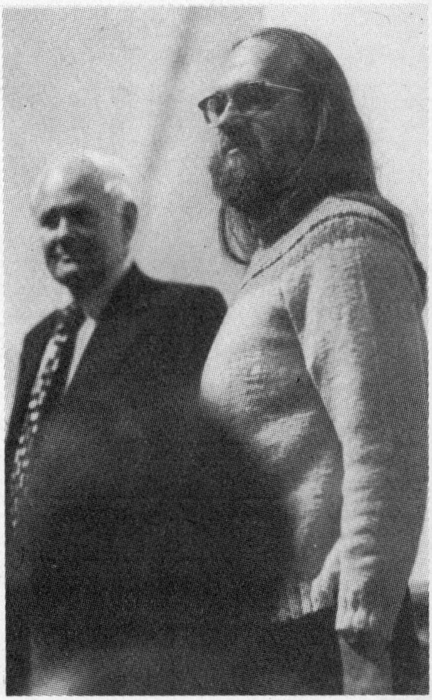

„HIER UND JETZT"

Am Dienstag, dem 13. Juli 1971 schreibe ich diese Zeilen. Der Tag ist angenehm warm gewesen, nicht heiß. Der Himmel war den ganzen Tag wolkenlos. Ehe ich zum Schreiben dieses letzten Kapitels zurückkehrte, lag ich eine Weile in einer mexikanischen Hängematte und blickte friedlich über ein weites Tal hinweg auf die hohe Sierra in der Ferne. Schwindende Schneeflecken klammern sich noch wie schutzsuchend an die höheren Hänge. Ich versetzte mich einen Augenblick lang zurück in den Himalaja. Und dann lächelte ich: Warum sollte ich irgendwo anders auf der Welt sein als gerade hier, gerade jetzt? Philosophisch gesprochen ist das natürlich immer ein guter Gedanke; aber es ist ein Gedanke, der hier in Ananda wie von selbst kommt.

Seit Monaten genieße ich nun die Zurückgezogenheit, die ich vor neun Jahren so sehnsüchtig suchte. Du sagst, es hat lange genug gedauert, bis ich sie fand? Doch was sind neun Jahre? Ich denke, dieser Teil meines Lebens wurde auf gute Weise zugebracht. Es waren Jahre des inneren Wachstums und vielleicht auch äußerlich zu etwas nütze.

Das Leben geht so schnell vorüber, fast unmerklich wie eine Wolke. Ich weiß, daß dieses zurückgezogene Leben, das ich jetzt genieße, nicht ewig dauern wird. Das Leben selbst ist nicht ewig. Ich bete darum, daß ich einst beim Verlassen dieser Erde einen Gedankenhimmel haben werde, so frei von jeder Wolke des Wünschens und des Anhaftens, wie der Himmel über mir klar war an diesem Tag. Denn was für ein Zuhause können wir hier auf Erden erbauen? Ananda wird eine Weile gedeihen. Wenn sie ihren Zweck erfüllt hat, wird sie verschwinden. Es ist ein Irrtum, Vollkommenheit in der äußeren Welt zu wünschen. Ananda kann ihre Aufgabe nur als ein Ort erfüllen, wo man große *innere* Fortschritte machen kann.

Es ist 17.45 Uhr. Dorf- und Retreatbewohner haben gerade ihre Stärkungs- und Yogaübungen miteinander auf der Terrasse vor dem Tempel durchgeführt, 45 m von meinem Haus entfernt. Wenige Minuten zuvor hörte ich ihre Schritte, als sie den Tempel betraten zur Meditation vor dem Abendessen. Im Laufe des Abends werden sie sich noch einmal treffen, um zu chanten, zu meditieren, Heilungsgebete für andere zu sprechen und einer Lesung aus einer Schrift unseres großen Gurus Paramahansa Yogananda zuzuhören.

Hin und wieder bricht das Geräusch eines fernen Lasters oder eines Flugzeuges über uns in die Stille ein und erinnert uns daran, daß es noch eine andere Welt „draußen" gibt. Öfter hört man einen Vogel singen, eine Eidechse auf einen Baumstumpf huschen oder eine Biene vor einer Blüte summen.

Ein typischer Tag im Ananda Meditation Retreat beginnt um 6 Uhr mit Übung und Meditation. Niemand ist zur Teilnahme verpflichtet. Gruppenaktivitäten sind für die Teilnehmer eine Gunst und kein Zwang. Einige unserer Leute meditieren lieber für sich. Frühstück gibt es werktags um 8 Uhr. Mittags ist noch eine Meditation.

Bald nach dem Frühstück beginnt die Arbeit. Einige Bewohner arbeiten auf dem Retreatgelände. Andere gehen zur Farm und arbeiten entweder in der Landwirtschaft oder in einem der verschiedenen Werke. Mitglieder von Ananda produzieren Räucherstäbchen, Reformsüßigkeiten, Modeschmuck, Tongefäße und Kleidung. Sie drucken Bücher — wie dieses hier. Sie malen. Sie weben. Sie bauen geodätische Kuppeln. Jeder Mensch mit irgendeiner besonderen Fähigkeit wird zur Ausübung ermutigt. Ananda-Produkte werden immer beliebter in kalifornischen Läden. Vielleicht hast du sie schon gesehen?

Endlich können wir uns finanziell selbst erhalten.

Auf der Farm ist das Leben hektischer als im Retreat. Doch „hektisch" ist relativ gemeint. Man kommt in die Räucherwerkfabrik. Die Arbeiter blicken lächelnd auf, einige summen ein religiöses Lied. Selten werden Worte gewechselt. Ein Lächeln sagt mehr.

Einige Mitglieder haben mich um indische Namen gebeten. Jyotish, der vor eineinhalb Jahren das Räucherwerkunternehmen gründete, wirkt informell auch als Verwaltungsleiter. Er ist fähig, einfühlsam, wunderbar geduldig — ich denke, wir verdanken ihm viel von unserem Erfolg.

Und dann denke ich, wie gut wir es getroffen haben mit diesem oder jenem Menschen, und ehe ich es merke, ist die Liste so lang geworden, daß ich keine bestimmte Person hervorheben kann. In dieser Zeit fühlen so viele den Drang, Gott zu suchen und ihm zu dienen. Das ist es wohl, was uns so viel Glück gebracht hat.

Sonia, die einen bedeutenden Posten in der Stadt hatte und mir in meiner finanziellen Krise 1968 wesentlich half, arbeitet nun als unser Schatzmeister und Büroleiter. Ihr glückliches Lächeln ist ein Segen für die Kommune.

Haanel, der oberste Farmer, ist vielleicht auch unser belesenstes Mitglied. Ein alternder Mann mit einem erfreulichen Einblick in die Launen des Lebens — er war ein bekannter Fotograf, ein Einsiedler im Urwald von Chile und ein Farmer auf seinem Land in Vista in Californien. Er kam vor zwei Jahren hierher. Durch ihn haben wir nun eine blühende Farm.

Satya kam vor drei Jahren und hat seither stets das Retreat geleitet. Dank seiner Standhaftigkeit laufen die geplanten Aktivitäten das ganze Jahr harmonisch ab.

Die meisten Erwachsenen hier sind in den Zwanzigern oder Anfang dreißig. Über siebzig Menschen, Kinder inbegriffen, leben an den beiden Orten. Doch die Zahl wächst. Sogar jetzt sind im Retreat einige Gäste, die Dauermitglieder zu werden hoffen.

Bedingung für die Mitgliedschaft ist, daß man ein Schüler oder zumindest ernsthafter Anhänger unseres Gurus Paramahansa Yogananda und der ihm nachfolgenden Gurus ist; daß man den Fernlehrgang unseres Gurus von der Self-Realisation Fellowship in Los Angeles und unseren eigenen schriftlichen Yogakurs von Ananda studiert hat oder studiert; daß man hundertprozentig unabhängig von Rauschdrogen und alkoholischen Getränken ist; daß man den Mitgliedsbeitrag bezahlen kann bei Eintritt (2000 DM für Einzelpersonen, 3000 DM für Ehepaare) und außerdem den Bau der eigenen Behausung; daß man in der

Kommune eine Verdienstmöglichkeit findet; und vor allem, daß die Kommunemitglieder einen als ihresgleichen ansehen und akzeptieren.

Nach zwei Jahren sind wir endlich im Begriff, Ananda als Genossenschaft einzutragen. Bisher hatte unsere Erfahrung nicht ausgereicht für diesen Schritt. In gewisser Hinsicht bedauern wir es, nun diesen Schritt unternehmen zu müssen, aber wir kennen die Notwendigkeit. Wahrscheinlich werden noch andere Formalitäten nötig werden, da wir wachsen. Wir möchten unsere Lebensweise so einfach wie möglich und ohne Formalitäten erhalten. Das ist einer der Gründe, weshalb wir nicht zu groß werden wollen.

Das Leben besteht aus einer Folge von Jahreszeiten. Neue Bewohner fürchten oft den nahenden Winter, doch wenn er dann da ist, finden sie es sogar noch schöner als im Sommer. So können die Veränderungen im Leben sein, wenn wir sie mit innerem Frieden annehmen.

Heute morgen mußte ich mein Schweigen unterbrechen für einen notwendigen Anruf bei der Farm. Als ich zurückkam, sah ich Satya lächelnd im Büro sitzen. Er sah aus wie einer, der im Frieden mit sich lebt.

„Du siehst glücklich aus", sagte ich.

„Wie kann es anders sein", fragte er, „wenn man hier lebt?"

Ram Dass ALLES LEBEN IST TANZ
2. Auflage, 142 Seiten, 9 DM
Ein sehr klarer und nützlicher Führer, um das Wesen des Bewußtseins zu verstehen – nützlich sowohl für andere spirituell Suchende als auch für formal ausgebildete Psychologen. Und eine Hymne an den Tanz des Lebens – der mit den Worten von Ram Dass, der „einzige Tanz ist, den es gibt".

Inayat Khan ERZIEHUNG
123 Seiten, 10 DM
Inayat Khan zieht unsere Aufmerksamkeit auf die Heranbildung von Geist und Seele und geht auf jeder Stufe ihrer Entwicklung vom Zeitpunkt der Geburt bis zur Reife ein. Hier finden wir praktisches Wissen darüber, wie die subtilen und empfindlichen spirituellen Fähigkeiten geschützt, ermutigt und entwickelt werden können, die zu einer erfüllten, schöpferischen und ausgewogenen Persönlichkeit führen.

Joseph Goldstein VIPASSANA-MEDITATION
Die Entfaltung der Bewußtseinsklarheit
181 Seiten, 18 DM
Diese Aufzeichnung über ein einmonatiges Seminar in buddhistischer Meditation enthält außerordentlich klare Unterweisungen und Vorträge. Indem Joseph tiefen Einblick in die Probleme des Lebens wie auch des spirituellen Wachstums nimmt, verschafft er uns ein Handbuch für die Reise in das Wesen des Geistes.
Durch Vipassana befreien wir uns von psychischem Fehlverhalten, erlangen inneren Frieden und erleben bewußt den Alltag.
„Ein äußerst wichtiger Beitrag zu unserem geistigen Wachstum gerade in dieser Zeit." Ram Dass

Durch alle Buchhandlungen, in Alternativläden oder portofrei gegen Vorauszahlung auf Postscheckkonto 3824 19-101 Berlin-West direkt vom Frank Schickler Verlag, Postfach 21 02 29, 1000 Berlin 21